더 나은 사회를 향한
지방정부의 도전

더 나은 사회를 향한

지방정부의 도전

이 동 진 지음

더봄

더 나은 사회를 향한

지방정부의 도전

제1판 1쇄 인쇄 2022년 6월 3일
제1판 1쇄 발행 2022년 6월 8일

지은이 이동진
펴낸이 김덕문

책임편집 손미정
디자인 블랙페퍼디자인
마케팅 이종률
제작 백상종

펴낸곳 더봄
등록일 2015년 4월 20일
주소 서울시 노원구 화랑로51길 78, 507동 1208호
대표전화 02-975-8007 || **팩스** 02-975-8006
전자우편 thebom21@naver.com
블로그 blog.naver.com/thebom21

ISBN 979-11-92386-01-0 03300

저자의 말

감사함과 아쉬움, 그리고 떨리는 마음을 담아 두 번째 책을 출판하였습니다.

2010년 7월 1일, 구청장으로서의 첫 번째 임기가 시작된 날의 기억이 아직도 생생한데, 어느덧 세 번째 임기를 마칠 시간이 다가오고 있습니다. 12년 전, 도봉구청장으로 처음 취임하던 날, 며칠 밤을 새워 작성한 취임사를 통해 도봉구에서 대한민국 지방자치의 롤모델을 만들어내겠다는 제법 당찬 포부를 밝혔습니다.

구청장을 포함한 시장·군수 등 지방정부의 장, 특히 기초지방정부의 장들은 제한된 권한을 제한된 지역 내에서 행사하는 존재입니다. 따라서 지역주민의 이해를 대변하고 지역발전을 최우선 과제로 삼는 것은 당연한 일입니다. 저 역시 '발전 가능성이 별로 없는, 낙후된 서울의 변방'으로 취급되던 도봉구의 이미지를 변화시키고 주민의 자긍심을 높이는 것을 최우선 과제로 삼아 이제까지 쉬지 않고 달려왔습니다.

하지만 구청장의 사고가 거기에만 머무른다면 우물 안 개구리처럼 지방자치를 협소하게 만들기 쉽습니다. Think Globally, Act Locally! 실천은 지역에서 하지만 사고의 폭은 넓고 깊게 할 필요가 있습니다. 그렇게 해야 제대로 된 지역의 변화를 만들어낼 수 있기 때문입니다.

저는 세 번의 구청장 직을 수행하는 내내 지역이라는 울타리 안에 갇히는 것을 경계해야 한다고 생각했습니다. 그래서 저는 비슷한 생각을 가진 시장·군수·구청장들과 함께 학습하며, 경험을 교류하는 일을 게을리 하지 않았습니다. 더 나아가 기후변화에 대한 대응, 지속가능한 발전, 인권, 사회적경제, 교육혁신, 자치와 분권의 확대, 마을공동체의 복원과 마을 민주주의의 강화 등 우리가 당면한 사회적 과제의 실현을 위해 지방정부들과 다양한 형태의 상호 연대와 협력을 모색하고, 이 과제들을 지역 차원에서 실현하기 위한 공동의 노력을 기울여 왔습니다.

12년이라는 짧지 않은 시간 동안 제가 지방자치 영역에서 추구해 온 가치와 실험과 도전들이 무엇이었는지 뒤돌아보고 정리하는 작업이 꼭 필요하다고 생각했습니다. 그것이 세 번씩이나 구청장의 직분을 수행할 수 있도록 기회를 주신 도봉구민들에 대한 기본적인 예의일 것입니다. 더 나아가 이 작업이 부족하지만 자치분권 2.0시대를 만들어 나갈 향후의 지방자치 리더들에게 작게나마 참고가 되었으면 좋겠다는 희망을 가져봅니다.

어떤 일이든지 시작이 있으면 끝이 있기 마련입니다. 그리고 그 끝은 또 다른 시작으로 이어지는 출발점이기도 합니다. 저와 함께 시작과 끝을 같이 한 모든 분들께 감사드립니다.

우선 저에게 이 길의 시작점에 설 수 있도록 이끌어주시고, 지금까지도 항상 제 삶의 가치에서 중심이 되어주신 민주주의자 故 김근태 의장님께 제가 걸어온 지난 12년의 기록을 고하고자 합니다.

또 세 번씩이나 구청장의 직을 수행할 수 있도록 성원해주시고 응원해주신 도봉구민들께 감사의 마음을 전합니다. 덕분에 지방자치에 관한 제 생각과 뜻을 마음껏 펼칠 행복한 시간을 가질 수 있었습니다.

이 책에 언급된 하나하나의 기록들은 결코 저 혼자서는 이뤄낼 수 없는 일들입니다. 자랑스러운 1,500여 명의 도봉구청 공직자들이 있었기에 가능했음을 고백하면서 감사의 말씀을 드립니다.

마지막으로 민선 5기와 6기, 그리고 7기에 이르기까지 자치와 분권을 확대하고 지방자치의 질적 발전을 위해 서로 연대하고 협력해온 전국의 수많은 자치분권 지도자들에게도 감사의 뜻을 전하고 싶습니다.

많은 사람들의 요구와 노력으로 올해부터 전부 개정된 새로운 지방자치법이 시행되었습니다. 자치분권 2.0시대를 열기 위한 제도적 여건이 작게나마 마련되었다고 생각합니다. 하지만 아직도 많이 부족합니다. 오랜 세월 동안 유지되어 온 대한민국의 중앙집권적 국가의 틀이 이제는 4차 산업혁명 시대에 걸맞게 조속히 자치분권형 국가로 전환될 수 있기를 희망합니다. 수직적이고 일방적이었던 중앙정부와 지방정부의 관계가 수평적이고 협력적인 관계로 전환될 때 국가의 경쟁력도 강화될 수 있습니다. 또 그렇게 될 때 민주주의가 책 속이나 여의도 정치권에만 머무르는 것이 아니라 시민의 삶 속에서 살아 숨 쉬게 될 것입니다. 그런 의미에서 저는 지방자치의 본질은 민주주의의 토대를 강화하는 데 있다고 주저없이 말하고 싶습니다.

2022년 6월, 초안산 자락에서

이 동 진

차례

3장 | 도시와 마을을 바라보는 눈

4장 | 도전으로 일궈낸 문화도시 도봉의 꿈

5장 | 새로운 시도들 그리고 아쉬움

부록 | 기고문과 발표문들

나에 관한 짧은 이야기

1장

1

나의 청년 시절

대한민국 현대사에서 1980년만큼 뜨거운 희망과 깊은 좌절이 교차하는 시기는 없었다. 1979년 10.26 사태로 일컬어지는 박정희 시해사건 이후, 1980년은 오랫동안 억눌려 왔던 각계각층의 욕구가 한꺼번에 터져 나왔고, 사람들의 가슴속에 민주주의에 대한 희망이 봄날의 새순처럼 쑥쑥 자라나던 시기였다.

1980년 봄, 대학에 입학하자마자 접하게 된 갑작스런 상황들은 청소년 시기부터 유신체제의 정당성과 반공교육에 익숙해져 있던 내게는 매우 낯선 광경들이었다. 학교 내에서는 매일같이 집회와 토론이 이어졌고, 이십대 초반의 새내기인 나는 태어나서 처음으로 자유와 민주주의의 신선한 공기를 마시는 기분이었다. 자연스럽게 선배들이 이끄는 사회과학 학습모임에 참여하게 되었고, 조금씩 우리 사회의 현주소와 미래 전망에 대한 인식을 새롭게 하게 되면서 집회와 시위에도 적극 참여하는 이른바 '운동권 학생'으로 첫발을 내딛게 되었다.

그로부터 두 달 반 만에 5월 광주의 비극이 발생하였고, 잠깐 열렸던 민주주의의 하늘에는 다시 먹구름이 끼고 소나기가 내렸다. 학교도 문을 닫았고, 친구들과 선배들도 만날 수 없었다.

1980년 5월 광주에서 있었던 짐승의 시간은 그해 봄, 잠시 민주주의의 하늘을 보았던 수많은 젊은이들의 삶을 바꿔놓기에 충분했다. 광주의 5월은 나로 하여금 개인의 행복을 추구하는 소시민적 삶을 포기하고 부정한 것에 저항하는 사회적 삶을 살도록 만든 최초의 계기이자 결정적 사건이었다. 학생운동에 적극적으로 참여한 나는 결국 학교 당국으로부터 제적을 당하고, 그 후부터 30대 중반에 이르기까지 사회운동의 일선에서 본격적으로 활동하게 되었다.

청년 노동자로 살다

당시 학생운동에 참여했던 많은 청년들은 학교를 졸업하거나 구속 또는 제적 당한 후에 노동현장과 같은 '낮은 곳으로' 가서 기본적 인권조차 보장받지 못하는 사람들의 삶을 개선하는 데 헌신해야 한다는 흐름에 동참하게 되었다.

나 역시 1984년부터 인천의 노동현장으로 가서 노동인권 개선을 위한 운동에 뛰어들었다. 당시에는 노동조합 결성을 시도하는 것만으로도 해고를 감수해야 하는 상황이었다. 때문에 노동운동 자체가 요즘처럼 계급적 이해관계를 관철하기 위한 것이라기보다는 사회민주화운동의 일환이었다고 할 수 있다.

인천에 있던 목재 회사와 싱크대 회사 등에서 시작한 공장 노동자로서의 생활은 육체노동을 해보지 않았던 나로서는 견디기 쉽지 않은 시간이었다. 내가 다녔던 현장은 기본 퇴근시간이 10시였고, 새벽 2시까지 야근하는 날이 많았다. 동료들 간에 대화나 교류의 시간이 거의 주어지지 않은 상황에서 노동조건 개선을 위한 노동조합 설립은 쉬운 일이 아니었다. 몇몇 동료들과의 노력이 실패로 돌아가고 결국 해고의 쓴맛을 봐야 했다.

얼마 후 1987년 6월 항쟁으로 대한민국은 다시 한 번 민주화의 열망으로 온 나라가 들끓었다. 노동현장 역시 예외는 아니었다. 전국의 노동현장에서 억눌렸던 노동자의 목소리가 폭발하고, 수많은 노동조합이 만들어졌다. 당시 나는 '인천지역 민주노조건설 공동실천위원회'라는 단체에서 노동자교육 활동에 전념하고 있었다. 다른 한편으로는 뜻을 같이하는 활동가들과 함께 노동자들이 조합적 이기주의가 아니라 보다 폭넓은 시각으로 우리 사회를 바라볼 수 있도록 하기 위한 조직으로 '인천지역 노동자회'를 결성하여 활동하게 되었다.

도피생활 그리고 구속

지금의 시각으로 보면 지극히 정상적인 시민단체 활동이지만 당시 공안세력의 눈에는 불순한 조직으로 비쳤고, 결국 일이 터지고 말았다. 당국은 내가 속한 단체를 이른바 '이적단체'로 규정하였고, 결국 동료들과 함께 구속되기에 이르렀다.

1989년 여름, 나는 홍제동 대공분실로 끌려갔다. 양손에 수갑을 차고 두 눈은 검은 천으로 가린 채였다. 홍제동 대공분실은 당시 국가보안법 위반 등 주요 시국사건을 다루던 곳이었다. 20여 일 동안 조사를 받았는데, 이미 나와 비슷한 활동을 하던 사람들도 여럿 잡혀와 있었다.

나와 동료들에게 뒤집어씌운 혐의는 '북한이 남한의 체제 전복을 통해 적화통일을 호시탐탐 노리고 있음을 잘 알고 있음에도 이에 동조하여 이적단체를 구성했다'는 무시무시한 죄목이었다. 지금 생각하면 참으로 황당한 일이었지만 그때는 흔한 일이었다.

사실 검찰이 나와 동료들에게 청구한 첫 구속영장은 젊은 판사에 의해 기각이 되었다. 국가보안법 위반 혐의로 청구된 영장이 기각된 것은 당시 상황으로서는 그 자체가 매우 이례적인 사건이었다. 영장을 기각했던 젊은 판사는 그로 인해 지방법원으로 좌천되었던 것으로 기억한다. 영장이 기각되었지만 우리는 검찰이 순순히 내버려두지 않을 것으로 확신하고 그때부터 도피생활을 시작했다. 예상대로 영장이 재청구되고 법원에 의해 구속영장이 발부되었다.

당시 나는 신혼 초기였다. 더군다나 아이가 태어난 지 100일도 안 되는 시기였다. 그런 상황에서 시작한 도피생활에서 가장 힘들었던 것은 무엇보다도 갓 태어난 아이를 보지 못하는 현실이었다. 도피생활이 지속될 것이라는 생각에 우리는 함께 살기 위한 방안을 짜냈다. 아내는 일곱 차례나 거처를 옮겨 다니며 미행을 따돌린 끝에 경기도 어느 도시의 작은 아파트를 거처 삼아 다시 만날 수 있었다. 나이 든 할머니 혼자 사시는 작은 아파트였는데, 바퀴벌레가 여기저기서 나올 만큼 관리되지

아들이 4살 되었을 무렵의 가족사진

않은 집이었다.

일주일 간 꼬박 쓸고 닦고 하면서 세 식구가 살 만한 공간으로 만들었다. '이제 괜찮겠구나' 하는 안도감을 느낄 무렵 '띵동' 초인종이 울렸다. 직감적으로 '올 것이 왔구나' 하는 두려움이 밀려왔고, 예상한 대로 수사관들이 들이닥쳤다. 그동안 미행을 피해 이리저리 도피를 다닌 노력이 무색할 지경이었다.

6개월밖에 되지 않은 아들이었지만 그 앞에서 내 손에 수갑이 채워지는 모습을 보이고 싶지는 않았다. 그래서 아이와 아내에게 인사할 시간을 달라고, 가족 앞에서는 수갑을 채우지 말아달라고 수사관에게 간곡히 부탁했다.

연행되어 가는 동안, 온갖 상념이 밀려왔다. 차량 뒷좌석 양쪽에 수사관들이 타고 나는 가운데에 앉아 수갑을 차고 머리를 숙인 모양새로 어디로 가는지도 모른 채 끌려가는데 불안한 마음이 엄습해왔다.

한여름인데도 어느 순간부터 다리가 떨리기 시작했다. 민주주의를 위해 강철 같은 마음으로 싸우겠다고 다짐했던 내가 한낱 수사관 앞에서 떠는 모습을 보여서는 안 되는데 하면서도 떨리는 몸을 주체할 수가 없었다.

수사관이 낌새를 알아차리고 비웃듯이 말했다.

"이 새끼, 운동권이라는 놈이 떨기는 되게 떠네!"

자존심이 몹시 상했다. 하지만 나의 의지대로 행동할 수 없는 상황에서 나라는 존재가 한없이 나약함을 깨닫는 순간이었다. 나는 지금도 내면의 의지와 존재의 불안함이 충돌했던 그 치욕스러웠던 순간을 생생히 기억한다.

그 후 나는 길고 고통스러운 조사과정을 마치고 구속 상태에서 재판에 넘겨졌다. 재판과정에서 함께 구속된 동료 중 하나가 자살을 시도했다는 소식을 듣게 되었다. 철저히 격리된 수사과정 동안은 구속된 동료의 소식을 들을 수 없었고, 재판을 받게 되어서야 그의 자살기도 소식을 알게 되었다.

당시 많은 공안사건이 그랬듯이 조사과정이라는 것은 수사관이 이미 짜 놓은 각본에 따라 진술을 강요하는 방식으로 진행되었다. 자살을 시도한 그 동료는 사실과 다른 진술로 동료에게 피해를 준 것에 대한 자책감을 이기지 못하고 극단적 선택을 시도했던 것이다.

수사기간 내내 홍제동 대공분실 내의 방음시설이 된 고립된 방에서 조사를 받다가 조사 막바지에 이르러서야 유치장을 오가며 조사를 받았는데, 유치장에 내려가 있는 동안 그 일이 벌어진 것이다.

다행히 목숨은 건졌지만 재판정에서 만난 그는 정상적인 상태가 아니었다. 눈은 이미 초점을 잃었고, 언뜻 봐도 불안과 초조의 기색이 역력했다. 그런 상태에서도 구속 상태는 지속되었고, 1심이 끝나고 나서야 석방될 수 있었다.

그러나 그는 결국 구속수사 과정에서 얻은 정신적 문제로 인해 석방되고 나서도 정상적인 삶을 살지 못하고 얼마 후 투신자살로 생을 마감하였다. 비극은 거기서 그치지 않았다. 아들을 잃은 슬픔에 몸져누운 그의 부친 역시 얼마 지나지 않아 세상을 떠나셨다는 소식을 들었다.

우리가 기억해야 할 사람들

내가 겪은 개인적 경험을 짧게나마 얘기한 것은 오늘날 우리가 누리고 있는 민주주의가 거저 얻어진 것이 아님을 강조하고 싶어서다. 4.19 혁명, 유신반대 민주화운동, 5.18 광주민중항쟁, 6.10 민주항쟁 등의 과정에서 수없이 많은 분들이 자신을 버리고 인류 보편적 가치인 인권과 민주주의, 그리고 평화를 위해 헌신한 결과임을 잊지 말아야 한다.

그 과정에서 많은 사람의 존경과 사랑을 받았던 분들도 있고, 일부는 정치적 보상을 받은 사람도 있다. 하지만, 그보다 훨씬 많은 분들이 이름도 빛도 없이 스러져 광주 망월동 묘지에, 혹은 마석 모란공원에, 그도 아니면 묘비 하나 없는 초라한 무덤으로 누워 있음을 우리는 기억해야 한다.

최근 정치권에서 이른바 586 세대에 대한 비난과 책임론이 거세다. 586 세대는 80년대 대학을 다닌 60년대생으로, 50대 나이가 된 당시 학생운동 출신들을 일컫는 말이다. 이들 중 일찍 정치에 입문한 사람들은 386으로부터 시작하여 20여 년을 거치는 동안 3선, 4선 국회의원으로 활동하는 사람도 있을 정도로 정치권의 중진 또는 주류로 성장하였다.

이들에게 당신들이 내세웠던 가치를 얼마나 실현했는가. 그리고 장외에서의 비판자가 아니라 여당의 책임 있는 위치에 있으면서 국민들의 삶을 개선하는 일에 얼마나 역할을 했는가 묻는 것은 국민들의 당연한 권리이다.

하지만 정치권 내에서의 586 정치인에 대한 비판이 과거 민주화운동 자체의 정당성을 훼손하거나, 자신을 희생하면서 민주주의를 위해 싸웠던 모든 사람들을 매도하는 것으로 왜곡되는 것은 경계해야 할 일이다.

586 정치인들에 대한 비판이 민주화운동 과정에서 빛도 이름도 없이 스러져간 사람들의 명예까지도 훼손하는 것은 용납할 수 없다. 586 정치인들은 그 많은 분들의 희생과 헌신 위에 서 있는 극히 일부일 뿐이다.

나 역시 큰 틀에서 586 세대와 함께해 왔던 사람으로서 최근의 586 세대에 대한 정치권 일부의 비난이 솔직히 달갑지 않은 것은 사실이다. 정서적 거부감 때문만은 아니다. 586 세대에 쏟아지는 비난이 정당한 비판이기보다는 도덕적 정당성이 취약한 정치세력이 586 세대를 공격하여 무너뜨림으로써 자신들의 정당성을 확보하려는 시도에서 비롯된 것으로 읽히기 때문이다.

나를 포함하여 그 누구도 30~40년 전, 미래의 정치적인 보상을 바라고 젊음을 바쳐 민주화운동에 헌신하고 희생한 것이 아니다. 그런 의미에서 586 세대에 대한 비난에 문제제기를 하는 이유는 나를 위한 변명이 아니다. 앞에서도 얘기한 것처럼 그것이 이름도 빛도 없이 희생된 사람들의 명예에 누가 되지 않기를 바라는 마음에서다.

그럼에도 불구하고 문재인 정부와 집권 여당 내에서 주류가 된 586 세대가 과거의 민주화운동 경력을 떠나 국민의 기대에 걸맞은 역할을 했는가에 대한 질문에는 제대로 답할 필요가 있다.

자신들이 추구해온 가치와 지향을 잃어버리지는 않았는지, 그 가치와 지향을 현실정치 과정에서 얼마나 실현했는지, 더 나아가 국민들의 삶을 얼마나 향상시켰는지를 묻는 국민들의 따끔한 질문에 정중히 답할 필요가 있다.

또 그렇게 하는 것이 586으로 표현되는 정치인들이 딛고 서 있는 수많은 희생자에 대한 예의이기도 하다. 나는 중앙정치가 아닌 지방자치, 생활정치의 영역에서 활동했지만 그들과 마찬가지로 그 질문에 답해야 할 의무가 있다고 생각한다.

2

민주주의자 김근태 선배와의 인연

김근태 선배와의 인연은 1990년 초로 거슬러 올라간다. 당시 나는 국가보안법 위반 혐의로 구속되었다가 석방된 직후였다. 석방 이후, 어떻게 활동해야 하나 고민하던 차에 주변의 권유로 '전민련'(전국민족민주운동연합)에 들어가 활동하게 되었다. 거기서 전민련의 중심이자 민주화운동의 상징 '김근태'를 만나게 되었다. 하지만, 김근태 선배는 국가보안법 위반 혐의로 그해 5월 구속되고 말았다.

함께 활동한 지 불과 몇 개월도 안 되어 나는 그렇게 '김근태'가 없는 전민련에 남겨졌다. 이후 이른바 '강기훈 유서 대필 사건' 등의 여러 사건을 거치면서 선배, 동료들이 줄줄이 구속되는 모습을 보아야만 했다. 김근태 선배는 2년 3개월 만에 석방되었고, 그 후로 '민주주의자 김근태'가 우리 곁을 떠날 때까지 20여 년의 인연을 이어왔다. 지금도 내 가슴과 머릿속에는 '민주주의자' 김근태가 살아 숨쉬고 있다.

'민주화운동의 상징'인 김근태가 '정치인' 김근태로 현실정치에 참여하게 된 것은 1996년 15대 총선에서 도봉구에 출마하면서부터다. 김근태 선배는 1992년 대선에서의 패배(김대중) 이후 재야 민주화운동의 방향을 놓고 깊이 고민하고 있었다. 자신이 간디의 길을 갈 것인지, 네루의 길을 갈 것인지를 숙고했다.

그리고 마침내 네루의 길을 선택했다. 즉 현실정치 참여를 통한 민주화의 길을 선택한 것이다.

개인적인 참여를 넘어 민주화운동 진영의 집단적 참여를 이끌기 위해 김근태 선배는 1994년 '통일시대민주주의국민회의'를 만들었다. 여기에 이인영, 이목희, 심재권, 천정배, 유선호, 방용석, 최규성, 이문령, 최민화, 장준영 등이 참여했다. 나 역시 단체의 부대변인을 맡아 활동하게 되었다.

김근태 선배는 1996년 총선에서 '새정치국민회의' 국회의원 후보로 도봉구 갑 지역에 출마해 당선되었다. 당시 마포에 살고 있던 나는 김근태 선배의 선거운동을 돕기 위해 도봉구로 출퇴근을 했고, 그때의 인연으로 지금까지 도봉구에 뿌리박고 살고 있다.

고문 당사자와의 우연한 만남

'김근태' 하면 사람들은 '고문', '민주화운동' 등을 머릿속에 떠올린다. 영화 〈남영동 1985〉로 적나라한 실상이 다뤄지기도 했던 김근태 선배에 대한 고문은 단순히 시국사범 김근태 개인에 대한 고문이 아니었다. 김근태로 상징되는 민주화운동 세력 전체에 대해 항복을 요구하는 국가권력의 폭력이었다.

김근태 선배가 1996년 처음 국회의원에 출마했던 때였다. 사무실에 누군가가 찾아왔다. 자신을 김근태가 고문 받고 구치소에 갇혔을 당시 교도관이었다고 소개했다. 그 당시 김근태 선배는 고문으로 아무것도 먹지 못하고, 혼자서는 걷지도 못할 정도여서 '똑똑한 젊은이가 살아서 나가기 어렵겠구나.'라고 생각했다는 것이다. 얼마나 심하게 고문을 당했는지 짐작할 만한 대목이다. 그 이후 잊고 살았는데 자신이 사는 동네에서 국회의원 후보로 출마했다는 것을 알고 기적이라는 생각에 찾아왔다는 것이다.

평소 김근태 선배가 농담처럼 했던 말이 있다. 국회의원으로 잘 알려지지 않았던 초선 시절, 전철을 타고 가는데 누군가가 다가와서 "이근안 씨 아니세요?"라고 묻더라는 것이다. 고문의 가해자와 피해자를 혼동한 것이다. 참으로 씁쓰레한 장면이 아닐 수 없다.

한번은 이런 일도 있었다. 국회의원 선거 운동 기간, 김근태 선배와 함께 새벽 시간에 운동장에 간 적이 있었다. 새벽 운동을 나온 사람들이 운동장을 뛰고 있었고, 김근태 선배와 나는 나란히 서서 인사를 하고 있었다. 그때 멀찍이서 건장한 체격의 사내가 뛰어왔다. 그 사내는 김근태 선배를 보고 먼저 활기차게 인사를 건넸다. 김근태 선배도 인사를 건넸다. 당시 나는 두 사람이 친근한 사이겠거니 하고 무심히 지나쳤다. 그런데 돌아오는 길에 그 사내 얘기를 듣고는 깜짝 놀라지 않을 수 없었다.

김근태 선배는 나지막한 목소리로 그 사내에 대해 이렇게 이야기했다.

"아까 그 친구, 나 고문했던 아무개야……."

순간 머리가 띵했다. 그런 자가 어떻게 가까운 사이나 되는 것처럼 거리낌없이 인사를 건네고 지나갈 수 있을까? 인간에게 과연 기본적인 양심이 있는 것인가에 대한 근본적인 회의가 들었다.

많은 사람이 알다시피 김근태 선배는 고문의 후유증을 갖고 있었다. 고인이 될 때까지 고통 받는 김근태 선배를 볼 때마다 그때 그 건장한 사내의 모습이 떠올라 마음이 편치 않았다.

옳음의 길을 걷던 모습

2006년, 나는 구청장 선거에 출마했지만 낙선하고 말았다. 당시 노무현 참여정부에 대한 국민들의 시선은 따가움을 넘어 혹독한 수준이었다. 선거 결과 서울, 경기, 인천, 강원도에 이르기까지 열린우리당 출신 기초단체장 후보는 경기도 구리시를 제외하고는 모조리 참패했다. 호남 이외의 지역에서는 전멸에 가까운 결과를 보인 선거 사상 최악의 상황이었다.

김근태 선배는 지방선거 패배의 충격에 빠진 당을 추스르기 위해 당의장에 취임했다. 원내대표와 보건복지부 장관에 이어 당시 정부와 여당에서 세 번째 당의장이라는 책임 있는 역할을 맡게 된 것이다. 하지만, 노무현 대통령과 정부 정책을 둘러싸고 몇 차례 의견 차를 보이기도 했다. 참여정부 시절 부동산 가격 폭등으로 등을 돌린 민심을 추스르기 위해 김근태 선배는 분양원가 공개를 당론으로 결정해 주장하였고, 대통령은 이에 반대하는 상황이 벌어지면서 이른바 "계급장 떼고 토론하자."라는 유명한 말이 나올 정도였다.

김근태 선배는 그런 사람이었다. 옳다고 생각하면 상대가 누구건 상관없이 옳다고 주장했고, 옳지 않다고 판단되면 죽어도 타협하지 않았다. 설사 최고 권력자인 대통령과의 거리가 멀어진다 해도 이를 두려워하지 않았다. 그런 태도는 김대중 대통령의 국민의 정부 시절에도 마찬가지였다.

두 대통령 모두 집권 말기에 접어들면서 국민으로부터 비판의 목소리가 높아지고, 여당 내에서도 대통령과 거리를 두려는 행태가 드러났다. 하지만 김근태 선배는 달랐다. 국민의 정부와 참여정부가 실현하고자 했던 가치와 지향을 옹호하고자 노력했다. 난파하는 배에서 너도나도 먼저 뛰어내리려고 하는 상황에서도 김근태 선배는 그 배를 지키려 노력했던 것이다.

권력의 전성기에는 'NO!'라고 해야 할 때도 권력의 눈치를 보기 위해 'YES'라 하고, 민심이 권력을 떠나면 살아남기 위해 자기 자신을 부정하는 정치 현실에서 내가 본 김근태 선배는 소신을 굽히지 않았고 늘 세태와 반대의 길을 걸었다.

그는 2008년 18대 총선에서 뜻하지 않게 낙선했다. 낙선은 정치인의 삶을 매우 초라하게 만든다. 더구나 김근태 선배는 그즈음부터 고문 후유증이 더욱 심해져 외견상으로도 알아볼 수 있을 정도였다.

낙선한 정치인이었지만, 더구나 불편한 몸이었지만 그가 빼놓지 않고 찾아가는 곳이 있었다. 서민의 눈물이 흐르는 곳, 이명박 정권이 법치라는 이름으로 인권을 유린하는 현장이었다. 쌍용자동차 노동자들이 절규하는 현장, 추운 겨울날 용산 참사집회 현장 등.

김근태 선배는 19대 총선을 앞두고 우리 곁을 떠났다. 그는 인생 후반기에 정치인의 삶을 살았지만, 그의 삶은 온통 민주주의 그것이었다. 아무도 돌아보지 않고, 정치인으로서 화려한 조명을 받지 못하는 곳이라도 김근태 선배는 무너지는 민주주의의 가치를 바로 세우는 일이 본인의 몫이라 생각하고 언제나 그곳에 있었다.

그런 김근태 선배가 몹시도 그립다. 그리고 그런 그리움은 나뿐만 아니라 많은 사람의 가슴속에 남아 있을 것이다. 그래서 우리는 김근태 선배가 마지막까지 강조했던 '희망'을 이야기할 수 있는 게 아닐까?

아래 글은 2016년 12월 30일, 김근태 선배의 5주기 때 내가 쓴 추도사이다.

민주주의자 김근태 의장님!

당신이 떠나신 지 벌써 5년이 되었습니다.

하지만 우리는 오늘도 당신을 그리워하며 다시 이 자리에 모였습니다.

세월이 지나면 그리움도 희미해지기 마련인데,

왜 당신에 대한 그리움만은

세월이 갈수록 더 선명해지는 걸까요?

바람이 차가운 오늘,

당신이 남긴 따뜻한 정이 그립고,

당신의 온화한 미소가 그립습니다.

깊은 성찰과 통찰력으로

언제나 시대를 앞서갔던 당신의 말과 행동이 그립습니다.

요즘 나라꼴이 말이 아닙니다.

당신께서도 지켜보고 계시겠지요?

문득 5년 전 당신께서 하신,

당신께서 우리에게 남기신 말씀이 떠오릅니다.

Occupy Wall Street!

'월가를 점령하라!'는 구호가 미국을 뒤흔들고 있을 당시,

당신은 조용히 우리와의 이별을 준비하듯이

'2012년을 점령하라'는 마지막 말을 남겼습니다.

그런데 우리는 부끄럽게도 실패하고 말았습니다.

2012년을 점령하지 못했습니다.

그 결과

당신께서 피 흘려 쌓아올린

민주주의의 공든 탑이 하루아침에 무너져 내렸습니다.

조심스레 일구어 온 한반도의 평화는

여지없이 박살나버렸습니다.

청년들은 헬조선을 외치며
더 이상 희망을 노래하지 않게 되었습니다.
하지만 여기가 끝은 아니었습니다.

당신이 가신 지 5년을 맞는 오늘,
천만 개의 촛불이 바람보다도 더 빨리 일어나
서울의 광화문에서, 부산, 대구, 대전,
그리고 뜨거운 남도 광주의 금남로에서
분노를 넘어 새로운 나라를 위한 행진을 시작했습니다.

2012년의 절망을 딛고 일어나
2017년을 점령하기 위한,
새로운 나라를 만들기 위한
거대하고 위대한 행진이 시작되었습니다.
"최선을 다해 참여하자.
오로지 참여하는 사람들만이 권력을 만들고,
그렇게 만들어진 권력이 세상의 방향을 정할 것이다."

5년 전, 당신의 이 말씀처럼 천만 개의 촛불이 광화문을 점령하고 있습니다.
국민들이 스스로 나라의 주인임을 선언하고 있습니다.

민주주의자 김근태!

당신이 옳았습니다.

그 옳은 길을 따르려는 사람들이

오늘 여기 다시 모였습니다.

어디에 있든, 무엇을 하든

당신이 꿈꾸었던 세상을 함께 꿈꾸겠습니다.

촛불의 힘으로 만들어낸 희망의 길을 따라

2017년을 반드시 점령하겠습니다.

아니, 한 걸음 더 나아가겠습니다.

반칙과 특권이 없는 정의로운 나라,

대결과 갈등이 사라진 평화로운 한반도,

그리고 어느 누구도 차별받지 않는

따뜻한 사회를 위한 행진을 결코 멈추지 않겠습니다.

우리는 "희망은 힘이 세다"라고 하신 당신의 말씀을 믿습니다.

내년 이맘때쯤,

우리 이 자리에 다시 모여

다 같이 희망의 노래를 힘차게 부르겠습니다.

그때까지 지켜봐주십시오.

민주주의 정신을 담은 '김근태 기념도서관'

김근태 선배가 세상을 떠나고 나서 당신과 함께했던 사람들, 그리고 그가 걸어온 길, 가고자 했던 길을 지지했던 사람들의 가슴속 허전함은 이루 말할 수 없었다. 어딘가에 작은 기념관이라도 세워야 하지 않겠는가라는 논의가 자연스럽게 이뤄졌다.

김근태 선배와 연고가 있는 부천시, 양평군 등에서 기념관 건립에 관한 이야기가 나오고 있다는 소식이 내 귀에 들려왔다. 나는 김근태를 기념하는 공간이 있어야 할 곳은 당연히 도봉구라고 생각했다. 하지만 현실은 그리 녹록지 않았다.

우선 돌아가신 지 얼마 안 되는 상황에서 현실 정치인을 기념하는 공간을 공적 예산을 들여 건립하는 것이 맞느냐에 대한 정치적 반대자들의 비판에 직면하게 될 가능성이 크고, 민주주의자 김근태를 기억하고 기념하는 일이 오히려 당신의 명예에 누를 끼치게 될 수도 있었기에 시간이 필요한 일이었다.

뿐만 아니라 새로운 시설을 건립하려면 절차상 구의회의 동의절차(구유재산 관리계획 변경)가 필수적이었다. 그런데 내가 두 번의 구청장 재직 8년 동안 도봉구의회의 의원 구성이 여야 동수(7:7)였다. 따라서 그 당시 바로 기념공간 건립을 위한 예산계획을 수립하고 의회의 동의 절차를 밟는 것은 사실상 불가능한 상황이었다.

이 기간 동안에는 건립 부지를 물색하는 등의 준비밖에 할 수 없었고, 결국 의회의 여야 구성이 7:7에서 8:6으로 바뀐 3선에 이르러서야 비로소 김근태 기념도서관 건립계획을 추진할 수 있었다.

의회 구성이 달라졌다 해도 건립과정이 순탄했던 것은 아니었다. 국민의힘 소속 구의원들의 격렬한 반대에 부딪혔고, 주민설명회 날 역시 국민의힘 소속 구의원들과 당원들의 반대가 있었다. 심지어 착공식 날에도 국민의힘 당원들의 집단적 항의가 이어졌다.

하지만 일부 정치적 반대에도 불구하고 일반 주민들의 반응은 달랐다. 주민설명회 과정에서 정치적 반대가 이어지자 주민들이 나서서 우리 동네에 도서관이 들어온다는데 왜 반대하느냐고 들고 일어났다. 결국 반대하는 사람들의 목소리가 잦아들게 되었다.

김근태 기념도서관은 대통령을 제외한 정치인의 이름을 딴 공공도서관으로는 처음이 아닐까 한다. 이 도서관은 민주주의자 김근태의 삶을 기억하고 기념하는 공간과 도서관 기능이 결합된 라키비움Larchiveum의 성격을 갖고 있다.

라키비움은 도서관Library, 기록관Archives, 박물관Museum의 합성어로, 도서관과 기록관 그리고 박물관의 세 가지 기능을 갖춘 공간이다. 김근태 기념도서관은 처음부터 민주주의와 인권 특화도서관으로 기획되어 관련 서적의 비치, 연중 다양한 전시와 기획프로그램들이 진행되고 있다.

착공식 날, 박원순 시장이 축하하려고 참석했는데, 국민의힘 측 사람들이 박 시장의 길을 막고 항의하는 소동이 벌어졌다. 평소 언성을 높이는 일이 없던 박원순 시장이 그날만큼은 큰 소리로 "김근태 도서관

김근태 기념도서관 전경

을 반대하는 당신들은 도대체 어떤 사람들인가"라고 일갈하며 성큼성큼 행사장으로 걸어가던 모습이 지금도 기억에 선하다.

김근태 기념도서관은 그렇게 민주주의자 김근태의 10주기였던 2021년 12월에 개관하게 되었다. 일부러 10주기에 맞춘 것은 아니지만 결과적으로는 뜻깊은 일이 아닐 수 없다.

'민주주의자 김근태'는 내 인생에 있어서 빼놓고는 결코 설명할 수 없을 만큼 중심적 위치에 자리하고 있다. 정치적 스승, 사표師表로서 항상 내 마음의 중심에 자리하고 있다. 개관식 날, 나는 당신에게 진 마음의 빚, 우리 시대가 갚아야 할 큰 빚을 조금이나마 갚았다는 생각과 그리운 마음에 두 뺨에 흐르는 눈물을 주체하기 어려웠다.

김근태 기념도서관 외벽에 새겨진 어록은 민주주의자 김근태가 어떤 사람이었는지 잘 보여주고 있다. 퇴직 후에도 가끔씩 가벼운 마음으로 도봉산 입구에 있는 도서관을 찾아 민주주의자 김근태의 숨결, 그리고 그가 끊임없이 찾고자 했던 희망의 근거를 만나보려고 한다.

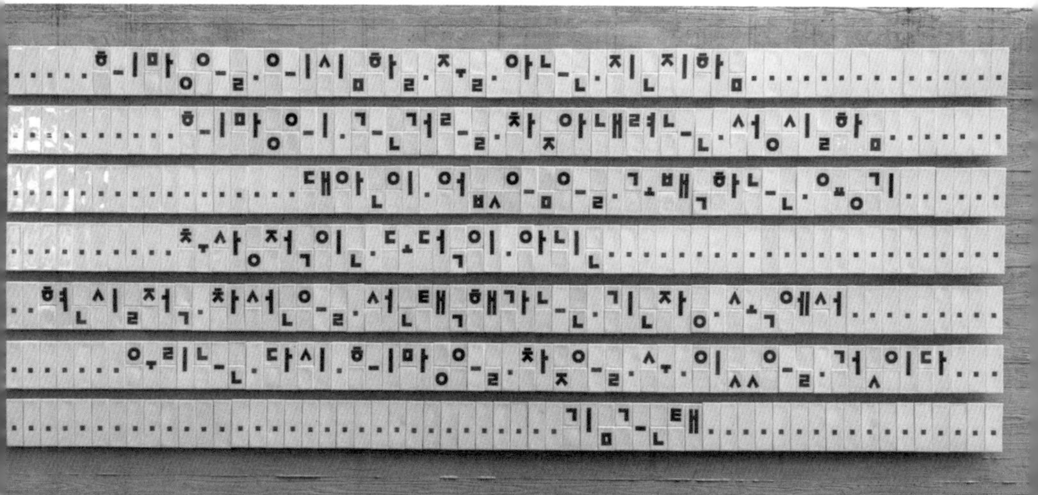

김근태 기념도서관 외벽 작품, 안상수 作

희망을 의심할 줄 아는 진지함

희망의 근거를 찾아내려는 성실함

대안이 없음을 고백하는 용기

추상적인 도덕이 아닌

현실적 차선을 선택해가는 긴장 속에서

우리는 다시 희망을 찾을 수 있을 것이다.

_김근태

3

故 박원순 시장에 관한 기억

2020년 7월 8일, 박원순 시장이 마지막 선택을 하기 전날이었다. 서울시 3선 구청장 중 몇 사람들이 구청장 출신으로 국회에 진출한 국회의원들을 축하하는 모임이 있었고, 그 자리에 박원순 시장이 함께 참석했다. 모두 박원순 시장과 재임 기간을 같이한 사람들이어서 격의 없는 대화가 오갔고, 기분 좋은 만찬 시간을 보냈다. 저녁 9시가 가까워지자 수행비서가 와서 박 시장에게 이제 일어서야 할 시간이라고 하자 10분만 더 있다 가겠다고 할 만큼 여유 있는 모습이었다.

다음 날 언론의 속보를 통해 들은 비보는 참으로 믿기지 않았다. 바로 전날 밤, 기분 좋은 만남을 가졌던 나로서는 박 시장이 그런 선택을 했다는 것을 도저히 믿을 수가 없었다. 나뿐만 아니라 그 자리에 참석했던 누구라도 마찬가지였을 것이다. 하지만 믿기지 않는 일이 사실로 드러나기까지는 긴 시간이 걸리지 않았다.

당시 나는 7월 1일부로 서울시 구청장협의회 회장의 임기를 막 시작한 상황이었고, 단순한 협의체에 불과했던 구청장협의회를 실질화 하기 위해 사무실을 마련하고 사무국 체계를 꾸려 상근자를 배치하는 등의 본격적인 준비를 하고 있던 시기였다. 허망하기 짝이 없었고, 날벼락을 맞은 느낌이었다.

하지만 그보다도 더 충격적인 것은 박 시장의 마지막 선택과 관련하여 시시각각 전해지는 보도내용들이었다. 인간 박원순이 살아왔던 삶을 송두리째 뒤집어 엎는 내용들의 연속이었다.

나는 당시 박원순 시장의 성추문에 대한 언론의 보도가 어디까지가 진실이고, 어느 것이 과장된 것인지를 알지 못한다. 또 박원순 시장을 옹호하거나 변명할 생각도 없다. 다만 서울시정의 파트너였던 구청장 중의 한 사람으로서 박원순 시장 재임 시절 9년 가까운 시간들을 가감 없이 짧게나마 기억하고자 한다.

변호사 박원순과의 만남

내가 도봉구청장의 자격으로 개인 박원순을 처음 만난 것은 함석헌 기념관 건립 문제에 대한 자문을 구하기 위해서였다. 나는 도봉구에 거주했던, 대한민국 근현대사에 긍정적 영향을 미친 역사적 인물들을 발굴하고, 주민들이 그들을 기억하게 만드는 것이 매우 중요하다는 생각을 하고 있었다. 함석헌 선생도 그분들 중의 한 명이었기에 선생의 유족과 선생이 사셨던 자택을 기념관으로 만드는 문제를 논의하고 있었다.

2011년 초여름쯤, 나는 함석헌 기념관 건립을 국민모금을 통해 해보는 것이 어떨까 하는 생각으로 박원순 변호사(당시는 시장 신분이 아니었다)를 만나 자문을 구했다. 여기에는 여야 동수였던 구의회 구성 때문에 함석헌 기념관 건립이 의회 동의를 받기 어렵다는 현실적 판단도 크게 작용했다. 아무튼 박원순 변호사는 나의 제안에 흔쾌히 동의하면서 자신이 적극적인 역할을 해보겠다고 약속했다.

하지만 얼마 후 서울시장 보궐선거가 치러지게 되었고, 박원순 변호사는 백두대간 종주를 마치고 내려와 수염을 덥수룩하게 기른 채 안철수와 후보 단일화를 이뤄 서울시장이 되었다.

결국 나의 국민모금 제안은 무산되었지만 이후 함석헌 기념관은 서울시 주민참여예산 사업으로 선정되어 처음 제안한 국민모금 취지의 절반은 살린 셈이 되었다.

서울시장 박원순과 도봉구

2012년 1월 12일, 강북구 소재 한신대학교에서 '서울 동북부 지역 발전 전략 구상과 실현을 위한 컨퍼런스'가 열렸다. 동북부 지역은 도봉, 노원, 강북, 성북을 포함한 이른바 동북 4구를 말한다. 이 자리에 박원순 시장이 참석하여 두 시간이 넘도록 진행된 컨퍼런스에서 마지막까지 자리를 뜨지 않았다. 이 자리에서 박원순 시장은 서울시와 자치구가 함께하는 중장기 협력기구를 구성하자는 동북 4구 구청장들의 요청을 수락했다.

이후 2012년 5월 15일에 '동북 4구 발전협의회'가 만들어졌고, 내가 초대, 2대 의장을 맡게 되었다. 서울시는 박 시장의 약속대로 동북 4구 발전협의회에 대응하는 '행복 4구 추진단'이라는 조직을 새로 구성하여 본격적으로 동북 4구 지원에 나섰다. 나중에 기술하겠지만 도봉구의 미래를 바꿀 서울아레나를 비롯한 창동 중심의 신경제중심지 조성 사업 역시 동북 4구 발전협의회와 서울시의 협력기구인 행복 4구 추진단이라는 큰 틀이 있었기에, 그리고 박원순 시장의 결단이 있었기에 가능한 일이었음을 밝힌다.

도봉구 방학4거리에는 서울시 소방학교 부지가 있다. 이 소방학교는 서울시의 119 구조대원 등의 소방 관련 교육과 훈련을 위한 시설로, 서울시는 이 시설을 은평구로 이전하기로 하고 부지는 매각하기로 결정하였다.

면적이 약 1만 5000m²에 달하는 공공부지여서 나는 이 부지를 매각하기보다는 지역을 위한 시설로 활용할 수 있기를 바랐다. 그러나 나의 바람과는 달리 매각방침이 확정되어, 박원순 시장을 찾아가 방침을 철회해달라고 요청했다.

소방학교 부지를 팔아버리는 것은 강남북 균형발전을 중요하게 생각하는 박원순 시장의 평소 시정철학과 배치되는 결정이라는 것, 그리고 서울시가 이 땅을 매각해서 발생하는 돈은 어디다 쓰였는지도 모를 만큼 금세 없어지지만, 반대로 서울시가 이만한 부지를 새로 매입하는 것은 매우 어렵다는 사실을 강조했다. 그러니 이 부지에 무엇을 할 것인지는 향후 함께 고민하되, 일단 매각방침만이라도 철회해달라고 요청을 했다.

박원순 시장은 흔쾌히 동의해주었다. 그렇게 해서 남긴 소방학교 부지에는 현재 시민안전 체험관과 아동·청소년 전용 체육관 등 1천억 원 규모의 사업이 추진되고 있다.

서울도서관이 2018년 발표한 〈도서관 발전 5개년 종합계획〉의 '10분 거리 도서관' 정책에 따라 서울시는 4개 권역에 서울시립 도서관 분관을 건립하겠다는 계획을 세우고 각 자치구에 입지공모를 하였다.

도봉구는 방학1동 문화고등학교 맞은편 청소년독서실 부지를 포함한 민간 소유 부지 3,101m^2를 대상 부지로 하여 신청하였다. 민간부지가 포함되면 부지매입비가 들어가기 때문에 구유지만으로 입지를 신청한 다른 구에 비하면 여건이 불리했다.

신청한 도봉구 공무원들도 자신이 없었고, 나 역시도 마음은 굴뚝 같았지만 자신이 없었다. 도봉구 출신 시의원에게 도움을 요청하는 한편 나는 다시 박원순 시장께 부탁하는 수밖에 없었다. 결국 불리한 조건을 뚫고 사업비 700억 원에 이르는 인문학 중심의 동북권 서울시립 도서관을 도봉구에 유치할 수 있었다.

이 외에도 도봉동의 흉물로 남아 방치된 군사시설인 대전차방호시설을 평화문화진지로 탈바꿈시키는 데도 박원순 시장의 적극적인 지원이 있었다. 서울시 부지 위에 세워진 270m에 이르는 대전차방호시설을 평화와 문화창조의 공간으로 바꾸자는 나의 제안에 흔쾌히 동의해주었고, 그에 따른 예산 28억 원도 지원해주었다.

창녕으로 가는 길

2022년 4월 4일, 10여 년에 걸친 끈질긴 노력 끝에 대중음악 공연장 서울아레나의 민간투자사 카카오와 최종적인 법적절차인 실시협약이 체결되었다. 그동안의 수많은 우여곡절을 생각하면 참으로 감격스러운 순간이었다.

나는 이 협약식을 앞두고 박원순 시장이 잠들어 있는 경남 창녕의 묘소를 찾았다. 나는 그에 대한 세상의 평가와는 관계없이 그가 도봉구의 발전에 기여한 바를 기억하는 것이 그에 대한 최소한의 예의라고 생각했다.

창녕으로 가는 길은 멀었다. 묘지는 그가 살았던 마을 뒷동산에 있었다. 마을 어귀에는 마을회관이 자리잡고 있었고, 회관 바로 옆에 그가 태어나고 자랐던 3칸짜리 초라한 생가가 남아 있었다. 아무도 살지 않는 빈집으로, 전혀 관리되지 않은 모습이었다. 누군가 갖다놓은 생기 잃은 조화가 마루 위에 덩그마니 놓여 있을 뿐이었다.

생가를 뒤로한 채 묘소로 향했다. 묘소로 가는 길은 느린 걸음으로 7분 거리였다. 그의 묘소를 보는 순간 너무나 초라하기 짝이 없어 말문이 막힐 지경이었다. 봉분도 제대로 다듬어지지 않았고, 묘비는 고사하고 그 흔한 상석조차 갖춰져 있지 않았다.

더욱 기가 막힌 것은 얼마 전 박원순 시장 묘지 훼손 사건이 있었는데, 훼손된 묘지가 제대로 보수되지도 않은 채 여기저기 보기 흉한 흔적이 남아 있었다. 게다가 묘역의 상당 부분은 땅 소유주가 자신의 소유임을 알리고자 박아놓은 쇠말뚝이 차지하고 있어 보는 이의 눈살을 찌푸리게 만들었다.

참으로 인생무상 그 자체였다. 그가 차라리 정치인이 아닌 사회혁신가의 삶을 계속 살았더라면 좋았을 텐데, 시장의 꿈, 대통령의 꿈을 꾸지 않았으면 좋지 않았을까 하는 부질없는 생각이 자꾸 들었다.

마을에서 발견한 공존의 사회

2 장

1

민주주의 그리고 지방자치

우리나라 지방자치의 역사는 매우 짧다. 1945년 해방이 되고 1948년에 정부가 수립되면서 그다음 해인 1949년에 지방자치법이 처음으로 만들어졌다.

그리고 1952년 지방선거가 처음 실시되는데, 그해는 6.25전쟁 중으로 서울·경기·강원 지역은 미수복 지역이어서 선거를 치를 수가 없었고 나머지 지역에서만 치러진 선거였다. 이처럼 이승만 정권 하에서 처음 도입된 지방자치는 전란 속에서 불완전한 상태로 출발하였다.

1956년의 제2회 지방선거는 시·읍·면장(기초단체장), 시·읍·면의회 의원(기초의원) 선거를 먼저 실시하고 특별시·도의회 의원(광역의원) 선거를 나중에 하는 방식으로 분리하여 실시되었다. 하지만 2년 후인 1958년, 불완전하게나마 출발했던 지방자치제도마저 민심이반으로 불안을 느낀 이승만 정권에 의해 주민의 손으로 뽑던 단체장과 지방의원을 임명제로 바꾸었고, 지방자치는 사실상 폐지되었다.

4.19혁명은 지방자치가 제도적으로 완전한 틀을 갖추고 다시 부활할 수 있는 계기가 되었다. 이승만 정권이 물러난 후 등장한 제2공화국의 헌법 제97조 제2항은 "지방자치단체의 장의 선임 방법은 법률로써 정하되 적어도 시·읍·면의 장은 그 주민이 직접 이를 선거한다."라고 규정함으로써 이승만 정부가 중단시킨 직선제를 부활시켰다.

4.19혁명으로 탄생한 새로운 정부 하에서 치러진 제3차 지방선거는 특별시, 도지사 선거에서부터 시·도의회 의원 선거, 읍·면장 선거에 이르기까지 주민이 직접 뽑는 선거가 이어짐으로써 대한민국 역사상 최초로 제도적으로 완전한 지방선거가 치러졌다.

하지만 이듬해인 1961년 5월 16일 박정희를 중심으로 한 군부 쿠데타로 인해 장면 정권은 9개월 만에 끝나고 말았다. 제2공화국은 장기간 이어져 온 이승만 정권의 권위주의 정치를 청산하고 민주주의 정착을 위한 발전적인 제도적 장치를 마련하려고 노력했지만 결국은 정치·경제·사회적 기반을 갖추기도 전에 쿠데타 세력에 의해 물러나고 말았다.

박정희 군사정권은 선거로 선출된 자치단체장과 지방의원을 모두 해임하고 지방자치를 전면 폐기하기에 이른다. 더 나아가 1972년 유신헌법이 공포되면서 아예 헌법에 '지방자치는 통일된 이후에 실시한다.'라고 못박으며 지방자치는 헌법에서도 자취를 감추게 되었다.

1987년 또 한 번의 기회가 왔다. 1987년 6월 민주항쟁은 민주주의의 새로운 역사를 썼다. 대통령 직선제로 대표되는 민주헌법을 국민의 힘으로 쟁취하게 되었고, 지방자치 역시 헌법상의 규정으로 다시 부활하게 되었다. 드디어 1991년 지방의원 선거를 시작으로 새로운 헌법과 새로운 지방자치법에 따라 단체장 선거와 지방의원 선거가 동시에 치러지는 제1회 전국동시지방선거가 실시되었다. 지방자치가 부활한 것이다. 이처럼 우리나라의 지방자치 역사는 민주주의 역사와 궤를 같이해 왔다. 민주주의가 후퇴하면 지방자치도 따라서 후퇴했고, 민주주의가 발전하면 지방자치도 함께 발전했다.

5.16 군사쿠데타 이후 이어진 30년의 지방자치 공백기는 지방자치와 분권을 발전시키는 데 커다란 제약 요건이 되었다. 지방자치가 없는 정치, 풀뿌리 민주주의에 기반하지 않는 정치는 허약할 수밖에 없고, 왜곡된 방향으로 나아갈 수밖에 없음을 보여주었다. 주민 또한 정치를 자신의 삶과 동떨어진 일처럼 여기게 되었다.

지방자치는 단순히 지방자치단체가 국가사무를 위임받는 행정행위를 의미하는 것이 아니다. 지방자치는 주민과 함께 만들어가는 풀뿌리 민주주의라는 점에서 민주주의를 떠받치는 아래로부터의 힘이다. 그런 의미에서 나는 지방자치가 무엇이냐고 물으면 민주주의의 토대를 확대하는 일이라고 말한다.

새로운 지방자치법과 주민자치

올해는 전면 개정된 지방자치법이 시행되는 첫 해이다. 개정된 지방자치법의 핵심은 무엇보다도 헌법상의 주권재민 정신을 지방자치법에도 도입했다는 데 있다. 물론 개정된 내용에는 지방의회의 권한 강화나

부울경 메가시티와 같은 특별지방자치단체의 구성에 관한 규정 등 여러 변화된 내용이 있지만 나는 무엇보다도 지방자치법 제1조(목적) 조항에 '주민의 지방자치행정 참여에 관한 사항'을 새롭게 추가했다는 점을 주목하고자 한다.

헌법 제1조의 "대한민국의 주권은 국민에게 있고 모든 권력은 국민으로부터 나온다."는 주권재민의 원칙에서 보면 중요한 국가운영 원리 중의 하나인 지방자치법에 이 정신을 담는 것은 당연하다.

보통 지방자치는 중앙정부로부터 지방정부가 권한을 나누어 집행하는 것 정도로 이해하는 경우가 많다. 실제로 얼마 전까지만 해도 지방자치는 단체자치, 즉 지방자치단체의 자치로 받아들여져 왔다. 새로 시행되는 지방자치법의 목적조항에 주민참여를 분명히 규정한 것은 앞으로의 지방자치가 어떤 방향으로 나아가야 할지를 보여주고 있다는 점에서 매우 큰 의미를 담고 있다. 이제 지방자치는 단체의 자치를 넘어 주민자치의 시대로 나아가야 한다.

다만 이번에 전면 개정된 지방자치법에 정부안에 담겼던 주민자치회 구성에 관한 조항이 국회의 논의과정에서 삭제된 것은 매우 유감스러운 일이다. 법률의 목적에는 주민참여를 강조해놓고 정작 그 수단이 되는 주민자치회 구성을 제외한 것은 이해하기 어렵다. 주민참여가 자발적 봉사 차원이 아니라 책임과 권한을 가진 주체가 될 때 주민자치가 한 단계 성숙할 수 있기 때문이다.

도봉구, 주민자치를 선도하다

"지방자치의 기본전제는 주민참여에 있습니다.

참여 없는 자치는 허구에 불과합니다. 실질적인 주민참여를 보장하는 주민자치 기본조례를 제정하고, 주민참여예산제를 도입하겠습니다."

2010년 7월 1일 민선5기 구청장으로 취임하는 날, 취임사에서 했던 말이다. 나는 지방자치의 본질은 주민자치에 있다는 확고한 믿음을 갖고 있었기에 민선5기부터 주민과의 협력 체계를 만들기 위한 제도적 기반을 마련해 왔다.

민선5기 구청장으로 취임한 이듬해인 2011년도에 '주민참여 기본조례'를 전국 최초로 제정하고, 행정 전반에 주민참여를 기본으로 도입하도록 했다. 같은 해 '주민참여예산 조례' 또한 서울시 최초로 만들었고, 2012년 마을공동체 사업의 일환으로 '마을만들기 지원조례'도 제정했다. 이 역시 서울시 최초이다.

서울시를 비롯한 다른 지방정부에 앞서 도봉구는 자체적으로 주민참여 활성화를 위한 제도를 마련하고 다양한 협력사업을 선도적으로 추진해 왔다. 도봉구는 여기서 더 나아가 주민참여가 단순한 참여를 넘어서 권한을 가진 참여, 즉 협치의 과정으로 도약하기 위해 2016년 전국 최초로 '민관협치 활성화를 위한 기본조례'를 만들었다.

도봉구는 주민참여의 핵심적 주체를 마을 단위의 주민자치회로 보고, 2015년부터 주민자치회 구성을 위한 다양한 준비에 들어갔다. 그리고 2017년, '주민자치회 설치 및 운영조례'를 서울시 최초로 제정하여 제도적 틀을 마련하였다.

다양한 교육, 마을의 문제를 스스로 해결하기 위한 마을계획단 운영, 마을총회 개최 등을 통해 자치 역량을 강화하고 자치 기반을 확대하기 위한 노력 또한 동시에 기울여 왔다. 제도는 필요조건일 뿐 충분조건은 아니라는 생각이었다.

지방자치가 부활한 것은 김대중 대통령의 목숨을 건 단식에 힘입은 바 크다. 그만큼 김대중 대통령은 지방자치에 관한 관심이 많았고, 실제 2000년쯤, 동사무소의 명칭을 주민자치센터로 바꾸고, 동별 주민자치위원회를 구성하도록 제도화했다. 전국적으로 일제히 주민자치위원회가 구성되었다.

하지만 자치 역량이 준비되지 않은 상황에서 만들어진 주민자치위원회는 기대와는 달리 기존의 관변단체를 크게 벗어나지 못했다. 그런 의미에서 나는 제도는 필요조건이지 충분조건이 아니라고 말하는 것이다. 지금 전국의 여러 지역에서 주민자치회 전환사업들이 추진되고 있다. 매우 필요한 일이지만 사전에 잘 준비하지 않으면 과거 주민자치위원회와 별 차이가 없는 결과가 나올 수 있다는 점을 강조하고 싶다.

주민자치회로의 전환, 속도가 아닌 방향이다

도봉구는 주민들이 수시로 모여서 소통하고 토론할 수 있는 커뮤니티 공간 21개소를 만들어 운영하고 있다. 주민자치회가 만들어지기 훨씬 전인 2011년부터 14개의 동마다 마을만들기 사업 등 다양한 주민참여 사업들을 지속적으로 추진해 왔다.

그 외에도 주민들 스스로가 마을의 변화를 위한 의제를 만들고 실행하는 다양한 사업경험을 축적해 왔다. 도봉구 14개 동에서 1,043명의 주민들이 주민자치회 전환의 전 단계에서 운영한 마을계획단에 참여하였고, 현재 주민자치회 위원으로 활동하는 주민이 약 700여 명에 이른다.

주민자치회 위원이 동(마을) 단위에서 활동한다면, 구 단위로 활동하는 70여 명의 협치위원이 있어 중층적 구조로 주민참여가 이뤄지고 있다.

이처럼 도봉구는 주민자치를 제대로 추진하기 위해서는 주민참여를 위한 기반조성과 역량 강화가 매우 중요하다고 보고, 지역의 상황과 주민의 역량에 따라 속도를 조정하며 진행해 왔다. 2015년도에는 자치역량이 갖춰졌다고 판단된 3개 동을 시작으로 시범사업을 추진하였다.

주민들이 주체적으로 마을 계획을 수립하고, 사업 역량과 경험을 갖춘 상태에서 주민자치회 전환을 순차적으로 준비하여, 2017년에는 준비된 3개 동을 추가하여 6개 동으로 확대하였다.

그런데 2년 뒤에 서울시가 예산지원을 전제로 25개 자치구의 전 동을 주민자치회로 전환하도록 방침을 세웠다는 보고를 받았다. 당시 나는 준비되지 않은 상태에서 주민자치회로 형식만 바꾸는 것은 의미가 없다고 판단하여 도봉구는 참여하지 않겠다고 단호히 입장을 밝혔다. 선도구인 도봉구가 반대하자 서울시도 속도를 늦춰서 단계적으로 시행하는 방식으로 변경하였다.

이후 도봉구는 2019년에 3개 동, 2021년에 5개 동을 마지막으로 14개 동 전부가 주민자치회로의 전환을 마쳤다. 하지만 이것으로 도봉구의 주민자치회 구성이 완성되었다고 생각하지는 않는다.

주민자치회는 앞으로도 끊임없이 변화하면서 발전해 나가야 하고 그 과정에 있다고 생각한다. 대한민국의 지방자치 역시 마찬가지다. 이 과정에서 다시 강조하고 싶은 것은 속도가 아니라 방향이며, 지향점이다.

주민자치회 법제화에 대하여

전국의 주민자치회 구성현황을 보면 2021년 말 기준으로 전국 약 29% 정도의 읍면동에 구성되어 있다(226개 시도군의 3,501개 읍면동 중에서 136개 시군구의 1,000여 개 읍면동에서 구성). 서울의 경우 25개 구 중 24개 구에 주민자치회가 구성되었고, 전체 426개 동 중 200개 동으로 50%에 가까운 구성현황을 볼 수 있다.

주민자치회라는 제도를 만드는 것은 매우 중요하고 꼭 필요하다고 생각한다. 그러나 주민자치회에 대한 접근이 기능적 접근이 아닌 본질적 접근이 되어야 함을 강조하고 싶다. 원래 주민자치회에 대한 논의는 지방행정체제 개편에 관한 특별법에 따라 행정안전부의 필요에 의해서 용어가 만들어지고 시작되었다.

우리나라는 기초지방정부의 크기가 워낙 커서 제대로 된 지방자치를 할 수 없고 지방자치의 일반적 전형과는 다른 형태였다. 때문에 행정체제 개편을 모색하는 과정에서 주민들의 참여를 주민자치회를 통해 시범적으로 추진해보자는 논의였던 것이다.

지금의 논의는 이전까지의 기능적 차원의 접근을 넘어서야 한다.

다시 말해 주민자치회는 행정체계의 개편이 아니라 '아래로부터의 민주주의 토대를 어떻게 구축할 것인가'라는 지방자치의 본질적인 측면에서 접근해야 하고 마을민주주의의 토대를 구축하고 확대하는 것에 지향점을 두고 추진해야 한다. 그렇게 해야만 왜 우리가 주민자치회를 만들려고 하는지 그 목적을 잃지 않을 것이라고 생각한다.

따라서 주민자치회가 집행기관이냐, 대의기관이냐라는 논쟁을 하기보다는 주민자치가 무엇을 할 것인가에 대한 본질적인 논의에 집중했으면 좋겠다. 획일적 접근이 아닌 단계적이고 다양성이 보장되는 주민자치회가 되어야 한다. 기본적으로 주민자치회의 설립과 운영, 구성과 지원에 관한 제도적 근거를 마련하는 것은 필요하겠지만, 세부적인 내용들은 조례에 위임하는 것이 지방자치 정신에 부합하는 것이라고 생각한다.

제도를 만든다고 하더라도 그것을 의무화하고 형식적으로 강제하는 것은 지양해야 한다. 법률을 너무 세부적으로 규정하면 각 지역의 특성에 따른 다양한 시도를 저해하고 결과적으로 획일적인 조직형태로 귀결될 것이기 때문이다. 2000년에 좋은 취지로 출발했지만 결과적으로는 실패했던 주민자치위원회의 경험을 되풀이해서는 안 된다.

또한 주민자치회의 안정성과 자율성을 어떻게 보장할 것인가에 대한 고민이 필요하다. 안정성은 재정의 문제인데, 그것을 일방적으로 지원하다보면 자율성을 침해할 수 있다. 자율성을 강조하다 보면 안정성을 담보하기도 어렵다.

서울시는 구성과정에서만 지원한다는 원칙에 따라 주민자치회 운영에 필요한 간사에 대한 지원을 중단했다. 도봉구는 서울시 25개 구

중에서 유일하게 간사의 활동에 대한 지원을 계속하고 있다.

고용의 자율성도 두어 자체적으로 주민활동가를 채용해 운영하도록 했다. 안정성과 자율성의 보장에 대해서는 법제화 또는 운영 과정에서 계속 고민되어야 한다.

주민자치회는 지방자치의 본질인 풀뿌리민주주의를 강화하는 것, 그리고 마을민주주의의 토대를 마련하고 플랫폼으로 역할을 하도록 만드는 것이 핵심적인 지향점이라고 생각한다. 그런 관점에서 주민자치회 운영의 안정성과 자율성 문제는 앞으로도 민과 관이 함께 고민하고 대안을 마련해 나가야 한다.

행정 중심에서 주민 중심으로

도봉구의 주민자치 실현을 위한 제도적 기반 중 하나는 주민참여예산제이다. 주민참여예산제는 지방정부의 예산편성 등 예산결정 과정에 주민이 직접 참여하는 제도이다. 2011년 '주민참여예산제 운영조례'를 제정한 이후 연차별로 확대 시행했다.

참여예산제는 나비효과와도 같다. 주민들이 지역에 대한 작은 관심으로부터 삶을 바꾸어나가는 일이기 때문이다. 지역 사업에 대한 주민의 의견을 수렴하고 검토, 조정함으로써 예산의 투명성과 공정성이 생긴다. 지역사회 문제를 주민 관점에서 진단하고 해결해나가는 과정이다.

주민참여예산제의 본질은 구청장에게 속한 예산편성의 권한 일부를 주민에게 돌려준다는 데 있다. 과거 주민에게는 세금을 내는 의무만 있었고, 그 세금으로 이뤄진 재정을 어디에 쓸 것인지는 공무원들이 알아서 정해왔다. 그러다 보니 공무원들은 주민들의 의견을 들을 필요가 없었고, 주민들도 행정에 참여하여 의견을 제시하기보다는 행정의 결정에 대한 비판에 익숙해져 있었다.

참여 주민은 전체 주민의 입장에서는 일부이지만 자신들이 직접 예산을 편성하여 마을의 변화를 눈으로 확인하는 과정에서 주인의식이 생기게 되고, 행정의 입장에서는 미처 생각지 못했던 세부적인 마을의 문제를 해결할 수 있다는 장점이 있다.

물론 이 과정이 처음부터 매끄럽게 진행될 수는 없다. 주민들이 예산 편성과 집행에 대한 기본지식이 부족한 데서 오는 문제도 발생하기 마련이다. 하지만 이것은 주민들의 알 권리, 참여할 권리와는 비교할 수 없을 만큼 작은 문제이다.

도봉구에서는 주민참여예산위원회를 구성하여 동별로 15~20명의 주민으로 구성된 동 지역회의를 만든다. 마을별로 의제를 발굴하고 온라인 투표 등을 거쳐 지역사업을 해 나간다. 시설을 정비하는 일에서부터 마을 축제, CCTV 설치, 교육프로그램, 일자리 지원, 화장실이나 산책로 만들기, 경관 개선, 놀이터 만들기 등 다양하다. 주민들의 필요성과 아이디어를 최대한 반영하여 꼭 필요한 사업을 한다는 것에 의의가 있다.

동네를 위해 스스로 무언가를 계획하고, 변화를 위해 애쓰는 노력은 자존감과 성취감을 높이는 일이다. 정주의식을 높일 뿐 아니라, 스스로 가치 있는 존재임을 인식하게 된다. 생활 정치에 참여하는 일은 생활 속 민주주의를 확산시키는 일이기도 하다.

무너진 사회적 자본을 다시 쌓자

우리 사회는 수십 년 동안 세계화라는 이름으로 신자유주의의 흐름에 편승해 왔다. 이 과정에서 신뢰와 배려, 협력, 연대 등과 같은 공동체를 이루는 기본적인 요소라 할 수 있는 사회적 자본이 파괴되었다. 경쟁과 효율만이 중요시되면서 점점 정글의 법칙이 작용하는 승자독식과 약육강식 사회로 변했다.

이기적이고 자기중심적이고 개인적인 삶에만 치중하다 보니, 사회적 비용도 증가한다. 개인 간의 갈등, 집단 이기주의와 같은 일이 벌어지며 범죄도 늘어난다. 작은 배려를 통해 충분히 해결할 수 있는 일들이 법정 다툼까지 가게 된다.

그에 따른 갈등이나 피해도 상당하다. 공감력이 떨어지고 타자에 대한 이해가 부족하다 보니 이웃의 아픔을 느끼지 못하는 사회가 되고 있다. 지역발전을 이끌어내고, 경제적인 성장을 이루는 것도 중요하지만 더욱 필요한 것은 더 나은 사회로 나아가기 위한 노력이다. 서로를 존중하고 아픔을 공감하는 것은 공동체의 근간이다.

마을민주주의를 실현하는 것은 더 나은 사회로 가기 위한 중요한 요소다. 더 나은 사회는 하루아침에 만들어지지 않는다. 상호간의 역할을 강화하고, 무너진 사회적 자본을 다시 쌓아간다는 생각으로 지속적으로 노력해야 한다. 이러한 노력은 보이지는 않지만 지방정부가 추구해야 할 중요한 가치이자 지향점이라 생각한다.

2

함께 꿈꾸는 미래

공공의 역할에 대한 생각이 여러 가지일 수 있다. 과거에는 질서유지 측면이 강했고, 질서를 위반한 사람을 처벌하고 규율함으로써 사회를 안정화시키는 일이 주된 역할이었다. 권위주의 시대일수록 그런 경향이 강했다.

지방행정에 있어서도 마찬가지이다. 무단투기, 불법 건축물 축조, 불법 주차, 교통법규 위반 등등의 행위를 적발하고 과태료를 부과함으로써 그런 행위가 일어나지 않도록 규율하는 일들이 필요하고, 앞으로도 공공에서 해야 하는 질서유지를 위한 조치이다.

하지만 시대가 변화하면서 공공의 역할은 달라질 것을 요구받고 있다. 더 나은 사회를 위해 공공이 적극적인 역할을 해야 한다고 생각한다. 특히 주민의 삶과 밀접한 관계에 있는 지방정부의 역할이 중요하다. 물론 여기에는 주민의 참여가 기본전제가 되어야 한다. 주민과 함께 만들어가는 더 나은 사회, 이것이 풀뿌리민주주의라고 일컫는 지방자치의 목표이다.

민주주의자 김근태는 다음과 같은 말을 남겼다.

> '함께 꿈을 꿉시다, 우리의 꿈이 우리의 미래입니다. 함께 도전합시다, 우리의 도전이 우리의 희망입니다.'

그가 말하는 희망은 더 나은 사회이다. 더 민주적이고 더 평화로운 세상! 나는 그가 말하는 '희망'을 마을에서 주민들과 '함께', '협치'를 통해 일구어보고자 노력해 왔다.

협치란 단순한 참여를 넘어 주민들이 결정 권한을 가지고 지역사회의 행정에 참여하는 일이다. 그러기 위해서는 제도가 필요하고, 주민들이 자연스럽게 모이고 토론할 수 있는 공간이 필요했다. 도봉구는 주민자치회가 만들어지기 전인 2011년부터 주민들이 모여 토론할 수 있는 커뮤니티 공간을 만들기 시작해서 현재 21개소의 주민커뮤니티 공간을 운영하고 있다.

주민소통공간에서 일어나는 일들

주민소통공간이 중요한 것은 마을 주민들이 참여할 수 있는 허브의 역할을 하기 때문이다. '행복한 이야기, 너른마루, 숲속愛, 새동네 어울누리, 꿈 빚는 마을, 마을활력소 초록뜰, 도깨비연방, 꽃피는 숲속마을, 시끌벅적 사랑방, 알콩달콩 사랑방, 은행나루, 학둥지, 햇살문화원, 지평선, 도봉이쉼터, 창오랑, 너나들이, 엄마방, 효자마루, 창4두루샘'이 현재 도봉구청 홈페이지에 올라와 있는 주민소통공간의 이름들이다. 독자적인 건물도 있고, 공동주택이나 주민자치센터 등의 유휴공간을 리모델링해서 조성한 공간도 있다.

주민 스스로가 다양한 프로그램을 만들어 운영하고 있고, 나아가 마을 단위의 일자리 창출이나 교육활동 등 특성에 맞는 활동이 이뤄지고 있다. 구에서는 건물에 부과되는 공과금을 지원하여 운영을 돕고 있다. 물론 모든 공간이 기대만큼 잘 운영되는 것은 아니다. 최근 코로나19는 이들 공간 운영을 매우 어렵게 만들고 있다. 하지만 길게 보면 이 공간들이 마을 단위의 작은 지역사회에서 변화를 만들어내는 거점 역할을 할 것이라는 믿음, 더 나은 사회로 나아가기 위한 징검다리 역할을 할 것이라는 믿음이 있다. 또 꼭 그렇게 되길 바란다.

최근 여러 지자체에서 유사한 커뮤니티 공간을 시도하고 있다. 많은 돈을 들여 공간을 조성하고도 결과적으로 애물단지로 전락하는 경우도 있는 것으로 알고 있다. 공간조성은 매우 중요하지만 사전에 누가 어떻게 운영할 것인가를 준비하지 않은 결과라 생각한다. 결국은 공간도 사람이 운영하는 것이기 때문에 사람을 준비하는 일이 선행되지 않으면 안 된다.

커뮤니티 공간의 설계에서부터 운영 계획까지 주민 의견을 수렴해 주민 주도로 건립되어야 하며, 지역의 여건에 따라서 공동체 활성화를 위한 도시재생사업과 주민 활동공간으로 확장되는 선순환 구조가 만들어지면 좋겠다.

3

함께Green마을

2010년 민선5기가 시작되면서 주요한 과제 중 하나를 '주민참여를 통한 마을공동체 회복'으로 삼았다. 마을의 문화는 사라지고, 이웃이 누구인지 모른 채 개인주의와 이기주의가 만연하는 도시의 문제를 해결해 보기 위해서다.

마을공동체를 살리기 위해 주민들이 스스로 주인공이 되어 내가 살고 있는 동네를 되살리는 것이 '마을만들기'이다. 도봉구의 시범사업이나 최초로 시행했던 정책들 중에는 서울시와 전국으로 확대된 사례가 많다. 마을만들기 사업 역시 도봉구가 서울시 최초로 시작한 사업이다.

도봉구의 마을만들기 사업의 특징은 민·관이 함께하는 사업이라는 점이다. 마을만들기 전담기구를 설치하고 여러 가지 시범사업들을 하면서 경험을 쌓았다.

마을만들기 추진위원회 구성, 주민교육, 마을리더 양성, 우수지자체 벤치마킹 등을 하면서 주민들의 참여를 이끌고 공감대를 쌓으며 역량도 키웠다.

'주민이 디자인하는 마을' 사업 명칭을 공모하여 우수작을 시상하기도 했다. 공모로 선정된 이름이 바로 '함께Green마을만들기'라는 명칭이다.

주체적이고 능동적인 주민주도의 마을만들기

다음 해부터 주민 스스로 마을의 주요 정책을 제안하고 결정하는 주민 주도형 '함께Green마을만들기' 사업을 추진하면서 시범동으로 방학2동과 창4동을 선정하여 마을 특성에 맞는 마을만들기 사업을 시작하였다.

도봉구에서 시작한 마을만들기 사업은 과거 1970년대의 새마을운동처럼 획일적이고 관 주도형의 경관사업 같은 것이 아니다. 주민들이 한자리에 모여 소통하고 이웃관계를 회복하고 마을의 문제를 찾고 해결하는 주체적이고 능동적인 활동이었다. 자연스레 시설도 하나둘씩 개선해나가고, 공간도 만들고, 경관을 바꾸어 나가게 되었다. 주민들이 스스로 바꿔야 하는 부분을 찾아내고, 프로그램을 기획하고, 행사를 이끌었다. 그 속에서 마을의 리더가 발굴되며, 공동체 회복을 위한 노력이 싹을 틔우기 시작했다.

마을만들기는 어떤 특정 분야에 한정된 것이 아니다. 복지영역, 문화영역, 교육이나 축제 등 다양한 영역에 걸쳐 시도되었다. 주민들이 자발적으로 마을의 발전을 고민하고, 무언가 바꾸어보겠다는 생각을 표출하게 했고, 운영과 관리도 관 주도 방식에서 탈피하여 민간주도성을 강화하고자 했다.

마을에 북카페나 마을도서관 공간을 조성하고, 걷기 좋은 길을 만들기 위해 경관을 개선하고, 벽화를 그리고, 직접 마을 축제를 만들고, 생태체험행사를 기획하고, 공동체 텃밭을 만들었다.

마을만들기 사업에 참여하는 주민들이 늘어가면서 경력단절 여성들은 배움의 기회를 얻거나 경제주체로 거듭나게 되었다. 생각지도 못했던 동네의 자원을 발굴하게 되면서 애향심과 자긍심이 생겨났다. 소외된 이웃을 돌아보게 되었고, 마을에 친구도 생겼다. 마을의 활동을 알릴 수 있는 마을신문이나 마을방송국 등을 열어 주체적인 성장을 이뤄냈다. 주민들이 점점 더 많은 아이디어를 내면서 연결점이 많아졌다.

이처럼 모든 관계는 연결되어 있다. 서로가 서로에게 관심을 갖는 관계로 나아갈 때 함께 살아가는 건강한 사회를 이룬다.

마을 단위에서 관계를 넓히는 일은 우리 사회의 지속가능성을 키우는 일이다. 서로가 서로의 삶에 스며들고, 책임을 갖고, 연대의식을 가질 때 그 사회는 건강한 사회, 더 나은 사회가 될 것이기 때문이다.

선순환, 환원형 평생교육을 추진하다

2010년 민선5기 구청장으로 임기를 시작한 이후 지방자치의 발전을 위해 한 축인 주민의 성장을 어떻게 이끌 수 있을까 고민했다. 그때

찾은 답이 평생학습이었다.

그러나 도봉구의 현실을 살펴보니 구청 16층에 마련된 평생교육장이라는 공간은 허울뿐이었고, 그나마 주민자치센터에서 진행하고 있는 프로그램도 노래교실, 요가와 같은 취미 중심으로 진행되고 있었다.

지방자치를 강화하겠다는 의지는 행정의 파트너라고 할 수 있는 준비된 주민이 존재하여야만 가능한 일이었다. 2011년부터 민간 활동가를 평생학습도시 준비위원장으로 위촉하고, 평생학습 체계를 마련하기 시작하였다.

그때 나의 주문은 단 하나였다.

"선순환·환원형 평생교육의 방향으로 가야 합니다."

이전의 평생교육은 주로 교양을 쌓는 차원이었다. 자기 계발과 취미 생활 정도의 평생교육이었던 시절에는 주로 배우고 개인적 만족을 얻는 것으로 끝났다. 하지만 도봉구의 평생교육은 자신의 성장한 역량들을 지역사회에 환원하면서 주민강사가 되거나 참여주체가 되는 방식으로 진행되어야 한다고 생각했다. 지방자치 역량은 주민의 역량에 비례한다는 생각 때문이다.

도봉구는 2013년 3월에 평생학습 전용관을 개관하고, 그해 7월 교육부에서 인정하는 '평생학습도시'로 지정받았다. 다음은 그 당시의 언론과의 인터뷰 내용 중 일부이다.

> "평생학습을 통한 교육 결과가 사회에 다시 환원되고, 나아가 지역 일자리 창출 및 지역발전을 가져오는 성공적인 행복 학습도시 모델로 자리매김하도록 배움과 나눔, 그리고 행복한 교육복지 도봉을 실현해 나가겠

습니다."

선순환·환원형 평생학습은 마을공동체의 확장과 사회적경제와 같은 일자리 창출, 청소년 돌봄 등 도봉구가 추진하였던 다양한 정책사업과 연결되었다. 그중 하나가 도봉형 마을방과후 사업이었다.

도봉형 마을방과후 운영

도봉구에서 실시한 '도봉 마을방과후'는 전국적 모델이 된 사례이다. 도봉 마을방과후 활동운영센터를 만들고, 전국 최초로 방과후학교를 지방자치단체가 직접 운영하기로 하였다. 방과후학교 운영은 보통 학교에서 직접 운영하거나 위탁업체에 맡긴다.

두 가지 모두 문제가 있다. 학교에서 교사가 직접 운영할 경우 교사들은 업무가 과중되어 부담스러워 한다. 위탁업체가 운영할 경우 강사료의 20~40%를 수수료로 떼어가기 때문에 질 좋은 수업을 기대하기 어렵다. 방과후 강사들은 열심히 수업을 해도 보수가 낮아진다.

이에 도봉구는 지자체와 학교와 마을이 삼위일체로 운영하는 두 가지 시스템을 도입했다. 공교육에서 어려움을 겪고 있던 '학교방과후'를 구에서 직접 운영하는 것과 '마을방과후'를 지원하여 학교 안에서만 수업하던 한계를 벗어나 도봉구 전체를 교육의 장소로 활용할 수 있게끔 한 것이다.

학교는 방과후 교실을 지원하고 구에서는 강사의 채용과 방과후

교실의 운영을 책임지는 관계로 출발하였다.

기존 강사 외에 지역주민 중 재능을 가진 사람들을 마을강사로 육성하여 방과후 강사로 활동하게 했다. 운동, 악기, 요리, 바느질, 바둑, 캘리그라피 등 다양한 영역에서 수업이 이뤄지고 있다. 마을에서 직접 다양한 강사진을 채용하다 보니 프로그램이 다양하고, 돌봄과 배움의 기회를 넓히고, 학교와 학생, 학부모 모두의 만족도를 높여나가는 좋은 제도로 자리잡게 되었다.

첫해 4개 학교로 시작한 도봉형 마을방과후학교가 현재 21개 학교 중 16개 학교가 참여하여 운영되고 있다. 그만큼 학부모들과 아이들의 선호도가 높다.

도봉형 마을방과후학교가 학교 내에서 이뤄지는 것이라면 마을학교는 말 그대로 마을에서 아이들의 돌봄과 성장을 지원하는 공간이다. 한때 100개가 넘는 마을학교에서 500여 명의 마을교사가 활동했지만 코로나19의 여파로 2022년 올해는 60여 개가 운영되고 있다.

도봉형 마을방과후학교는 아직까지 전국에서 유일하게 도봉구에서만 운영되고 있다. 교육부에서도 관심을 갖고 방문하였고, 전국의 많은 교육청과 지자체에서 도봉구의 사례를 벤치마킹하러 방문했지만 아직까지 타 지역으로 확대되지 않고 있다. 그만큼 쉽지 않은 일이기 때문이다.

차제에 방과후학교 운영과 관련하여 제안한다면 현행 수익자부담 원칙을 개선할 필요가 있다는 것이다. 초·중·고교 모두가 무상교육으로 진행되고 있는 상황에서 사교육도 아닌 학교 내에서 이뤄지는 방과후학교를 수익자부담원칙으로 운영하는 것은 타당하지 않기 때문이다. 학부모들이 부담하고 있는 수강료를 국가가 부담하는 방식으로 개선해서 보다 많은 아이들이 사교육이 아닌 공적 차원의 방과후 활동에 참여할 수 있도록 하고, 수강료 수납에 따른 행정적 부담을 줄여줄 필요가 있다.

우리의 교육행정은 제도적으로 완전히 일반행정과 분리되어 있다. 과거 권위주의 시대에는 권력이 교육을 장악하지 못하도록 교육의 독자성을 강조할 필요가 있었고, 나름 의미가 있었다. 그러나 시대가 바뀐 상황에서는 일반행정과 교육행정이 분리됨으로써 나타나는 비효율이 더 큰 상황이다. 다른 나라의 경우를 보더라도 지방자치 영역 내에 교육행정이 포괄되어 있는 경우가 일반적이다.

하지만 현 제도가 오랫동안 정착되어 온 상황에서 지방자치 영역에 교육자치를 통합한다는 것은 쉬운 일이 아니다. 비효율을 고려한다면 일반자치와 교육자치가 협력할 수 있도록 하는 제도의 마련이 시급하다고 생각한다.

아이들은 학교에서는 학생이지만 학교 문을 나서면 시민의 한 사람이다. 이들이 마을에서 안전하게 성장하고 배움을 누릴 수 있도록 하는 것은 지방정부의 또 다른 의무이다. 도봉구가 민·관·학 협력체제로 운영해 온 혁신교육지구 사업은 전국적으로도 매우 모범적으로 운영되어 왔다고 자부한다. 그런 의미에서 이 사업은 지속적으로 운영되고 발전되기를 희망한다.

마을활력소에서 만나요

창5동 마을활력소 창오랑

사실 지역에서의 내적 성장 잠재력은 주민 개개인의 참여와 이들의 집단화된 자치역량에 있다. 도봉구는 부족하지만 계발 가능한 자원을 적극 활용하면서 '사람'이라는 가치를 발굴하고 있다. 마을의 커뮤니티 공간이 21개나 생겼다. 이들 공간은 딱딱하고 경직된 분위기가 아니라 유연하고 부드럽고 편안한 열린 공간으로 만들어져 마을민주주의의 작은 실험공간 같은 역할을 하고 있다.

만약 행정이 책임지고 맡아야 하는 업무가 되었다면 달랐을 것이다. 민관이 함께 논의하고, 협의했기 때문에 '마을활력소' 같은 공간들이 말 그대로 활력있게 운영되었던 것이라고 본다. 마을활력소 운영진들을 위한 역량강화교육도 꾸준히 해왔다.

너나들이, 초록뜰, 효자마루, 창4두루샘, 창오랑, 은행나루, 학둥지, 꿈꾸는방앗골 등의 이름을 지어 동주민센터를 '마을활력소'로 만들면서 주민들의 공간으로 바꾸었다. 과거에는 동장실, 사무공간, 강당, 예비군 동대본부 등과 일부 교양강좌실이 주를 이뤘던 곳을 카페나 커뮤니티 공간처럼 열린 곳으로 만들었다. 공유부엌, 작은도서관, 어울마당, 마을 극장, 카페 등 실질적으로 사용하는 주민들이 친근하게 다가올 수 있는 곳으로 바꾸었다.

스위스의 '란츠게마인데'Landsgemeinde는 매년 4월 마지막 주 일요일 3천여 명의 마을 주민들이 광장에 모여 안건에 대해 직접 손을 들어 투표하는 직접민주주의 행사이다. 600년이 넘는 전통을 간직한 역사를 갖고 있다. 전 세계적으로도 이러한 행사는 거의 찾아보기 힘들 정도로 희소성을 지닌다. 이제는 단순한 정치적 행사뿐 아니라 문화관광적인 요소를 더한 행사로 자리매김하게 되었다. 과거를 재현하는 형식의 의미뿐 아니라 직접민주주의의 표상처럼 인식되고 있다.

지방자치란 중앙정부로부터의 독립이라는 의미도 있지만, 주민자치의 기능도 함께 포함된 넓은 개념이다. 도봉구는 마을공동체사업, 혁신교육지구사업, 찾아가는 동주민센터 사업, 마을계획단, 평생교육 등 다양한 영역에서 협치 역량을 키웠다. 마을 안에서 수많은 인적자원이 발굴되었다. 동네 주민이 다양한 영역의 활동가로 성장하고 활동하면서 마을의 변화를 가져오고 있다.

내가 주인이 된다는 생각이 확장되고 변화의 주체가 되었다. 이러한 주민자치의 성과는 결코 산출적 성과로 끝나서는 안 된다. 주민의 생활과 삶으로 스며들어 주민들의 행복한 삶으로 이어져야 할 것이다. 서로를 '우리'라고 부르고 마을공동체의 일원으로 인식할 때 마을은 더욱 풍성해질 것으로 믿는다.

주민이 일궈낸 세계적인 혁신사례-
숲속놀이터 '숲속愛'

숲속놀이터 '숲속愛'가 위치한 방학3동 518번지는 평소 관리가 안 되고 쓰레기 무단투기를 하던 장소로, 한가운데에 무허가 주택이 있었다. 그러다 화재까지 나면서 아주 흉물이 된 곳이었다. 하지만 사유지라는 이유로 오랫동안 방치되어 있었다.

그런데 뜻밖의 소식이 들려왔다. '동 주민과의 대화'에 참석하였던 도봉구 비영리단체인 '도봉사람들'이 토지 전체를 임대하였다는 소식이었다.

땅주인인 사천목씨종친회를 찾아가 현재의 상황을 설명하고, 방학3동 주민들의 커뮤니티 공간으로 활용하겠다는 약속을 조건으로 보증금 1천만 원에 월 30만 원의 임대 계약을 하였다는 것이다. 지역사회의 문제를 지역주민들이 스스로 해결하고자 나선 것이다.

주민들은 공간재생을 위해 2년 가까이 많은 노력을 기울였다. 주민들이 자발적으로 보증금 1천만 원과 무허가 건축물 리모델링을 위한 벽돌기금 모금을 추진했다. 나도 구청장이 아닌 개인 자격으로 모금에 동참했다. 때마침 박원순 시장이 보궐선거에 당선되었고, 마을공동체의 대표적 사업으로 전국에 소개되었다. 덕분에 2012년 서울시 마을공동체

INNOVATION MINDSET CHALLENGE WINNERS ANNOUNCED

November 8, 2014 12:50 pm

The competition's semi-finalists come from two very different parts of the world. Soupsok-ae, based in Seoul, South Korea, impressed us with their redefinition of education through changing spaces, challenging today's emphases on standards and accountability, and emphasizing cross-generational relationships.

숲속愛의 수상 사실을 알린 컬럼비아대학의 관련 홈페이지 내용

지원사업에 선정되어 부족한 공간재생 비용을 지원받아 숲속놀이터 '숲속愛'가 탄생하였다.

2014년 10월, 숲속놀이터 '숲속愛'가 미국 컬럼비아대학에서 진행하는 세계 혁신적 사고방식 연구대회 '프로젝트 이노베이션'Project Innovation에서 2등에 선정되었다는 소식을 알려왔다. 지역주민이 지역사회의 문제점을 발굴하고, 해결방안을 마련하였으며, 지속가능한 사례로 선정되었다는 소식이었다.

행정에서는 해결방안을 찾지 못하던 민원지가 주민에 의한, 주민을 위한 '숲속愛'라는 마을공동체 공간이 되었다. 지금은 전체 부지를 도봉

구에서 매입하여 건물을 신축하였고, 생태문화도서관 '숲속愛'로 변모했다. 아주 대단한 일은 아닐지라도 그 속에서 살아가는 주민들에게는 굉장히 혁신적인 변화였다. 이것이 공동체의 힘이며, 진정한 주민자치의 모습이 아닐까. 행정과 공동체가 함께한 진정한 민관협치의 모델이었다.

무중력지대에서 놀아보자

청년들이 이용하는 청년공간도 그렇다. 2018년에 문을 연 청년공간 '무중력지대 도봉' 같은 경우 아주 적은 사업비로 공간을 만들어 청년 커뮤니티 거점으로 자리매김했다. 청년들이 자신들을 구속하는 사회의 중력에서 벗어나 자유롭게 활동하도록 지원하기 위해 조성한 '무중력지대 도봉'은 창동역 1번 출구 바로 앞에 있어 접근성이 좋고, 시설 내의 배움 공간과 라운지 등은 청년이 아니어도 지역주민이면 누구나 대관을 통해 이용할 수 있도록 만들었다.

건물은 따로 짓지 않고, 13개의 주황색 해상용 컨테이너를 연결하여 만든 것이다. 이는 원래 대방동에 있던 '무중력지대 대방동'이라는 청년네트워크 공간이었는데, 미군기지(캠프 그레이) 이전으로 인해 없애야 하는 문제가 생겼다.

그래서 컨테이너 모듈을 그대로 옮겨 '무중력지대 도봉'으로 재탄생시키도록 했다. 일일이 분해한 뒤 운송하여 똑같이 재조립한 것이다. 궁금증과 호기심을 유발하는 건물의 형태처럼 청년들의 유연하고 창의적인 가치가 발현되도록 네트워크 공간으로 구성되어 있다.

청년 복합 문화공간
'무중력지대 도봉'

세미나실, 회의실, 모의면접 실습을 위한 메이크업룸, 카페, 공용부엌, 코워킹 스페이스, 라운지, 스타트업 랩Lab실, 이색놀이 공간, 영화감상실, 게임룸, 야외공연장까지 청년들이 자유롭게 실험적 사고를 확장할 수 있도록 내부를 만들었다. 주말도 운영하고, 밤 10시까지 문을 열기 때문에 청년들이 시간적으로도 좀 더 자유롭게 이용할 수 있다.

청년 창업이나 활동에 대한 크고 작은 프로젝트 공모도 이뤄지고 있다. 이런 일들은 청년들이 사회에서 활동을 하는 데 기여하는 계기가 되며, 지역주민들과의 연결고리를 만들어가는 일이 되기도 한다. 청년의 삶을 주체적으로 연구하고, 아이디어를 나누고, 전문가 멘토링을 받는다. 청년들이 숨을 고르는 '작은 쉼표' 같은 역할이 되길 바라는 마음이 담긴 공간이다.

4

갈등을 넘어 공존하는 사회는 어떻게 가능할까?

나는 지방자치의 본질이 주민자치에 있다는 확고한 신념을 갖고 민관협치를 강조해왔다. 하지만 그 과정에서 항상 긍정적인 일만 있었던 것은 아니다. 민과 민, 때로는 민과 관 사이에 심각한 갈등과 대립이 발생하는 경우도 있었다. 창동역 노점상 정비과정과 예하 예술학교 설립 과정에서의 갈등이 대표적인 예이다.

창동역 노점상 정비과정에서의 갈등과 해법

창동역 포장마차촌은 1985년 지하철 4호선 창동역사驛舍가 문을 열면서 시작되었고, 창동역 1번 출구인 동측과 2번 출구인 서측 둘 다 노점상이 역사 주변을 점령하다시피 하였다. 이에 대해 시민들은 노점상을 철거하기를 원했지만 오랫동안 정착된 노점들을 일시에 철거하는 것은 결코 쉬운 일이 아니며, 노점상들의 생존권 문제도 간과할 수 없었다. 더군다나 도봉구 노점상들은 전국노점상연합회의 대표를 배출할 만큼 조직력이 막강한 곳이었다. 창동역 2번 출구인 서측에만 55개의 노점상이 밀집되어 있었다.

주민이 이끌어낸 창동역 동측(1번 출구) 노점상 문제의 해법

노점상 정비는 두 번에 걸쳐 이루어졌다. 향후 서울아레나를 비롯한 창동역 주변의 변화를 생각하면 창동역 동측의 노점상 문제는 반드시 해결해야 할 과제였다. 행정과 노점상 사이에는 끊임없는 갈등과 다툼이 존재한다. 다른 방식의 접근이 필요했다. 뿌리 깊은 불신을 조금이라도 해소해볼까 싶어서 대화의 물꼬를 트고 진정성 있는 태도를 보여주려고 했다.

창동역 1번 출구의 대형 포장마차 노점상들과 '창4동 마을만들기 추진단'이 함께 창동역 주변을 정기적으로 청소하는 것부터 시작했다.

새벽까지 이어지는 포장마차 영업으로 인해 음식물쓰레기 무단 투기, 취객들의 노상방뇨와 다툼 등으로 주민들이 피해를 보았으니 노점상들도 뭔가 느끼는 바가 있을 거라 생각했다. 포장마차 노점상들이 자발적으로 주변 청소를 하면서 배타적이고 방어적인 태도는 조금씩 바뀌어갔다.

무엇보다도 '창4동 마을만들기 추진단'의 역할이 컸다. 창4동 마을의 해결과제로 '창동역 동측 노점상 문제'를 의제화했고. 주민추진단은 행정과 노점상의 중간에서 조정자의 역할을 하면서도, 노점상 불매운동을 이야기하며 압박하는 모습도 보였다. 밤이 되면 포장마차를 방문해 술잔을 기울이며 노점상과 친분도 이어갔다.

행정에 대해서는 전혀 물러섬이 없던 노점상연합회에서도 한발씩 양보하라는 주민타협안을 받아들였다. 30년 넘게 자리를 지키고 있던 창동역 주변의 노점상들의 생존권을 보장하되 규모를 축소하여 규격화하기로 했다.

노점을 2개 이상 가지고 있던 노점상들은 1개씩으로 축소하는 것을 받아들였고, 창동역 동쪽 일대 광장 전체를 점령하고 있던 노점상들은 광장을 비우고 바깥쪽으로 이전하는 재정비 사업에 동의하였다. 외관도 깔끔하게 개선하고, 노점 절대금지구역도 설정하였으며, 구청에서는 노점물품을 보관할 수 있는 곳을 따로 마련해 주었다.

아마도 노점상 정비가 이렇게 성공적으로 진행된 사례는 많지 않을 것이다. 불신의 강이 깊어 건널 수 없는 사이라고만 여겼던 문제를 마을에서 함께 해결하였다. 진정한 공존의 방식이 무엇인지 고민해 본 사건이었다.

창동역 서측(2번 출구), 극한 대결의 끝에 선 갈등

문제는 2017년 창동역 서측의 노점상 정비계획이었다. 그야말로 문제투성이고 해결방안은 보이지 않는 '늪'과 같았다. 창동역 서측 노점상은 4호선 철로 고가 하부를 점령하고 있었다. 이곳에서 포장마차 영업을 했으며, 가게에 LPG 가스를 놓고 조리를 하는 곳이 여럿 있었다.

혹시라도 LPG 가스통이 폭발할 경우 큰 사고가 날 가능성이 상존하고 있었다. 하지만 노점상들이 오래전부터 집단화되면서 밀어붙이기식 정비가 불가능한 상황이었다. 과거에도 경찰차로 차벽을 치고 강제집행을 시도했다가 가스통을 열고 저항하는 노점상들로 인해 실패한 사례가 있었다.

서울아레나를 비롯해서 창동역 주변의 변화를 고려하면 집단화된 노점을 그대로 방치할 수는 없었다. 당시 창동역 서측 역사 하부는 아예 노점상들의 창고로 쓰이고 있었고, 어둡고 음습한 공간이었다. 4호선 고가 하부는 포장마차가 집단적으로 형성되어 밤마다 취객들의 고성이 오갔고, 영업 종료 후 빗물받이에 아무렇게나 버린 음식물찌꺼기와 남은 국물 등으로 아침 일찍 출근하는 직장인의 눈살을 찌푸리게 만들었다.

2017년, 노점 정비를 위해 주민대표와 노점상 대표 그리고 구청이 상생협의회를 만들어 오랜 논의 끝에 정비방안에 대해 합의를 이끌어냈다. 일정 수준의 재산을 소유한 노점은 자진철거하고, 고가 하부의 포장마차와 인도 위의 노점, 역사 하부의 노점도 규모를 축소하고 규격화하는 방식이었다.

하지만 주민 대표와 노점상 대표의 합의에 대해 일반 주민들이 일제히 반대하고 나서면서 문제가 발생하였다. 주민들의 요구는 노점상의 완전 철거였다. 최초 합의에 따라 4호선 고가 하부의 포장마차와 인도 위의 노점이 자진 철거한 상태에서 주민들이 노점이 철거된 곳을 점거하고 농성을 이어갔다. 노점상들은 약속위반이라며 구청을 강하게 압박해왔고, 현장에서는 매일같이 주민들과 노점상들의 충돌이 발생하였다. 전국에서 집결한 2,000여 명의 노점상들이 여러 차례 창동역 주변 도로를 점거하고 힘을 과시하기도 했다.

참으로 난감한 상황이었다. 이같은 충돌이 벌어지자 각종 언론사에서는 연일 메인 뉴스로 보도하였고, 갈등을 방치하는 도봉구청의 무능함이 도마에 올랐다. 더구나 2018년 지방선거를 앞두고 있는 시점에서 이 갈등은 상대 당의 입장에서는 더할 나위 없는 호재였다. 온갖 유언비어와 비방이 난무했고, 이런 상황은 지방선거까지 이어졌다.

창동 역사 하부에서는 수십 명이 모이는 집회가 하루도 빠짐없이 계속되었고, 상대 후보는 이곳에 와서 자신이 구청장이 되면 즉각 모든 노점상을 철거하겠다고 공약하면서 구청장의 무능함을 공격했다. 노점은 상대적으로 소수이고, 더구나 도봉구민이 아닌 노점상도 많았기 때문에 선거를 앞두고 그들이 노점상이 아닌 주민의 구미에 맞는 주장을 하는 것은 어찌보면 당연한 일이었다.

그럼에도 불구하고 나에게는 지켜야 할 원칙이 있었다. 노점상들이 주민들의 주거환경에 좋지 않은 영향을 준 것은 사실이지만 수십 년 동안 창동역을 터전으로 생계를 유지해온 노점상들의 생존권을 무조건 박탈해서는 안 된다는 것과 용산 참사와 같은 사건이 일어나서는 안 된다는 원칙을 갖고 해법을 모색하고자 했다.

2018년 지방선거가 끝난 후 노점상들에게는 노점상 정비를 위해 예전에 마련해 놓은 창동역 인근의 대체부지로 이전할 것을 설득하면서, 일정 수준 재산을 가진 노점상들은 재배치에서 제외하고, 재배치가 어려운 경우 다른 지역으로의 이전, 그리고 취업알선 등의 방법을 제시했다. 동시에 주민들에게도 이런 방안에 대해 동의를 구했다. 처음에는 양측 모두 거부감을 표했지만 여러 차례 구청장이 직접 양측의 대표들을 만나 설득하면서 분위기가 달라지기 시작했다. 1년이 넘는 기간 동안 갈등이 계속되면서 현실적인 대안을 찾아야 한다는 의견이 양측 내부에서 설득력을 얻게 된 것이다.

노점상들을 창동역 일대에서 완전히 몰아내라는 주민의 입장, 그리고 한 발짝도 물러설 수 없다는 노점상의 입장은 처음부터 대화로 쉽게 풀릴 수 있는 갈등이 아니었다. 각종 고소, 고발, 몸싸움 및 언쟁이 하루가 멀다 하고 일어났다. 악화될 대로 악화된 상대에 대한 감정 때문에 서로 간의 대화 자체가 불가능한 상황이었다. 인내와 시간이 필요한 일이었다. 그리고 구청의 끈질긴 중재자로서의 노력이 필요한 일이었다. 참으로 고단한 일이었다.

2018년 말쯤 결국 모든 일이 마무리되었을 무렵, 주민들이 "고생하셨습니다"라며 꽃다발을 들고 찾아왔다. 매일같이 창동역사 하부에서 시위와 집회를 이어가던 장본인들이었다. 앞으로는 구청장 하는 일을 적극 돕겠다는 이들의 말에 나는 웃으면서 "안 도와줘도 좋으니, 앞으로는 제발 데모 좀 하지 마세요!"라고 농담을 건넸다.

창동역 노점상 정비를 지금 또 다시 해야 한다고 하면 아마 나는 선뜻 착수하지 못할지도 모른다. 그만큼 힘든 과정이었지만 그날만큼은 진정성을 갖고 상대를 대하면 시간이 걸리더라도 언젠가는 그 마음이 전달되리라는 믿음을 갖게 되는 순간이었다.

공존의 열매

현재 창동역은 과거와는 완전히 다른 모습으로 재탄생했다. 노점

창동역 서쪽 출구 만남의 광장. 노점 포장마차가 점유하던 공간이 문화공간으로 바뀌었다

상의 창고로 쓰이던 역사 하부에는 주민들이 운영하는 '행복한 이야기'와 '너른마루' 같은 마을북카페, 그리고 사회적경제기업들의 제품을 홍보하는 'SE마켓' 등이 들어서서 문화전시 및 커뮤니티 공간으로 활용되고 있다. 전철역 엘리베이터와 밝은 조명 설치로 깨끗하고 보기 좋은 시설로 바뀌었다. 무엇보다도 주민들이 편안하게 통행한다. 그야말로 30년 넘도록 가장 많은 민원의 대상이었던 창동역에서 대반전이 일어난 것이다.

이해 당사자와의 끈질긴 대화와 설득은 결코 쉬운 과정이 아니다. 만약 일방적인 행정으로 밀어붙였다면 더욱 쉽게 해결될 문제였을까? 밀어붙이기식 행정절차를 밟았더라면 지금과 같은 평화로운 공존의 상태는 불가능했을 것이다.

5

집단적 배타심의 민낯

구청장으로서 안타깝고 가슴 아팠던 일을 이야기할 때 빼놓을 수 없는 일이 있다. 쌍문동에 예하예술학교라는 구립 대안학교를 설립했을 때의 일이다.

도봉구에는 창동에 1개, 쌍문동에 2개, 총 3개의 청소년 문화의집이 있다. 그런데 도봉동과 방학동에는 청소년 공간이 전무한 상황이어서 건립이 필요했다. 구청장으로서 부족한 자원을 잘 배분하는 것도 중요하다고 판단했다. 쌍문동 청소년 문화의집과 쌍문동 청소년랜드는 가까이 위치하고 있어서 그중 하나의 용도를 축소하고 다른 기능을 보강하면서 청소년 문화의집이 없는 지역에 하나를 추가로 건립하는 방향으로 방침을 세웠다.

여러 논의 끝에 경계선 지능을 가진 청소년들에 관한 제안이 있었고, 기존의 쌍문동 청소년랜드 내에 이들을 위한 예술대안학교 설립을 계획하게 되었다.

'예하예술학교' 건립과 집단민원

2016년, 대안학교 설립을 추진하자 구청 홈페이지 '구청장에 바란다' 등 각종 민원접수 게시판에 반대민원이 폭주했다. 대안학교의 설립이 '청소년 문화의집을 폐쇄하고 장애인시설을 지으려는 것'이라는 취지의 내용이었다. 대대적인 서명운동이 시작되었다. 구청에서 하는 주민설명회가 없지는 않았지만 다소 형식적으로 진행되었다는 판단에 따라 내가 직접 참여하는 주민설명회를 3회에 걸쳐 추진하기로 하고 주민들에게 알렸다. 반대가 있지만 진실을 알리고 필요성을 얘기하면 주민들이 이해해 주리라는 생각에서였다.

그러나 현실은 기대와 달랐다. 혐오와 배타심이 그대로 드러났다. 해당 시설을 이용해온 청소년들의 학부모 입장에서 자녀들의 이용공간이 다소 줄어든다는 점에서 불만을 제기하는 것은 이해할 수 있지만, 인근 아파트 등 공동주택의 주민들 중 일부는 '장애학생'들이 다니는 대안학교가 동네에 들어서면 '집값이 하락한다'는 주장을 펴면서 극도의 혐오감을 보였다.

사실 예하예술학교는 '느린 학습자'라고 불리는 경계선 지능의 아이들을 대상으로 한 교육기관이다. 이 아이들은 학습능력이 떨어지고 행동이 일반적이지 않다는 이유로 학교에서 조롱받고 무시당하고 폭력에 시달리기 일쑤이다. 예하학교의 설립이 사회적 약자를 위한 공익적 사업임에도 민원인들은 청와대, 국민권익위원회, 감사원, 서울시교육청에까지 민원을 넣고 반대시위를 했다.

사람이 사람을 믿지 못할 때

첫 번째 설명회를 개최하면서 집단 이기주의가 무엇인지 눈앞에서 생생하게 보게 되었다. 지금 돌이켜보면 숫자는 적었지만 심정적으로는 창동역 노점상 정비를 하면서 부딪쳤던 반대 이상으로 힘들었다.

구의 웬만한 정책사업은 반대하는 주민들을 설득하며 토론과 협의의 과정으로 원만하게 이뤄질 때가 많았다. 그러나 예하예술학교 건립의 경우는 달랐다. 예하예술학교를 장애인학교로 규정하면서 무조건 반대를 외치고는 아예 의견을 들으려 하지도 않았다. 도저히 설득할 수 있는 상황이 아니었다. 진심을 다해 설득하면 사람들이 이해할 수 있을 거라는 믿음이 사라지면서 스스로가 초라해짐을 느꼈다. 처음 공청회가 열렸던 그날은 도저히 그냥 집에 들어갈 수가 없었다. 몇몇 지인과 폭음을 하고서야 귀가했다.

2차 설명회는 마음을 굳건히 다잡고 참석하였다. 여전히 반대의 벽은 높았고, 점차 목소리가 커지면서 주민들과 부딪히기 직전이었다. 마침 예하예술학교가 들어서게 될 공간, 기존 시설인 청소년랜드에서 청소년운영위원들이 회의를 하다가 설명회에 들어왔다. 청소년들에 대한 설명회는 3차로 예정되어 있었지만 마침 시간이 맞아 2차 설명회에 단체로 참석한 것이었다. 어른들의 반대 목소리는 여전했다. 그러던 중 경청하던 청소년들이 하나둘 자신들의 의견을 말하기 시작했다.

"경계선에 있는 아이들도 우리의 친구입니다."

"그 아이들도 이 공간을 이용할 권리가 있습니다."

"우리 엄마 같았으면 반대하지 않았을 거예요!"

청소년들의 참여로 그날 설명회의 분위기는 급반전을 이루었다. 반대여론을 주도해 오던 주민들은 마지막까지도 입장을 바꾸지 않았지만, 그날 이후 대다수의 주민들이 전면에 나서지 않게 되면서 분위기가 반전되었다.

모든 경계와 담을 허물고 예술로 꿈을 이룬다

예하예술학교 건립을 추진하는 동안 150건이 넘는 민원이 발생했고, 서명운동 등 집단행동을 벌이기도 했지만 예하예술학교는 마침내 2017년 4월 개교를 이루어냈다. 예하예술학교는 '모든 경계와 담을 허물고 예술로 꿈을 이룬다'는 교육목표 아래 순수예술교육을 통해 청소년이 내면의 자존감을 회복하고 스스로 미래를 설계할 수 있도록 돕고 있다.

교육과정은 기본교과(국어, 영어, 수학, 사회, 과학, 도덕), 특성화교과(음악, 무용, 미술, 연극 등), 창의적 체험활동(동아리, 진로, 봉사활동) 등 문화예술 중심의 예술통섭 교육프로그램으로 구성되어 있다.

학교 정원은 경계선 지능의 중학생 20명, 학업 중단 위기에 있는 고등학생 20명 등 총 40명으로, 이들이 '특수'한 청소년에서 '특별'한 청소년으로 거듭날 수 있도록 지원하고 있다.

예하예술학교는 도봉구립 대안학교로, 경계선지능 및 학교부적응 청소년을 위한 서울시교육청 지정 위탁교육기관으로 지정되어 정식학력이 인정되고 있고, 2022년부터는 초등학교 과정까지 확대하여 운영하고 있다. 그동안 여러 방송과 언론에 보도될 만큼 모범적으로 운영되고 있다. 다른 대안학교들과는 달리 정원이 모두 차 있을 뿐 아니라 대기자가 넘쳐나고 있다.

2017년 강서구의 장애학교 건립에 관한 공청회에서 장애아 엄마들이 강당 앞으로 나와 반대하는 주민들을 향해 무릎을 꿇었던 사건이 사회적으로 이슈가 된 적이 있었다. 엄마가 죄를 지은 것도 아닌데 무릎을 꿇는 부모들의 모습이 연일 뉴스에 올랐었다. 자신과 다른 존재에 대해 인정하는 것, 자신의 권리에 대한 주장과 더불어 타인의 권리에 대해서도 인정하는 것, 이것이야말로 좀 더 성숙한 사회의 모습이 아닐까 생각한다. 아울러 시민들이 그런 마음을 가질 수 있도록 제도적으로나 문화적으로 여건을 만들어 가는 것이 공공의 역할이 아닐까?

최근 서울특별시교육청 '칭찬합시다' 코너에 올라온 예하예술학교와 선생님을 칭찬한 글을 보았다. 교육의 진정성과 힘을 믿는 학부모와 교사와 학생의 마음이 담긴 글이어서 이곳에 소개한다. 예하예술학교를 만들어낸 이유는 바로 사회적 약자, 어려움을 겪는 학생과 학부모들 모두가 우리들의 이웃이기 때문이다. 포용하는 사회가 바로 이런 것이 아닐까? 직접 만난 적 없는 학부모의 글이지만 이를 통해 예하학교의 설립 반대에 부딪혀 고통스러웠던 아픔과 상처가 모두 치유된 것 같다(어법에 맞지 않는 문장은 약간 수정하였다).

"예하예술학교를 담당한 모든 선생님을 칭찬합니다"

안녕하세요. 중국 몽골에서 온 학부모입니다. 초등학교 1학년 때 딸아이 경계성장애진단을 받았습니다.

그 당시 이 모든 것이 엄마 제 탓으로 여겼습니다. 아빠는 술만 마시면 물건을 던지고, 밥상을 던지며 폭언과 폭력을 합니다. 온 바닥에 음식과 빨간색 김치였습니다. 그후부터 아이는 김치만 보면 소리 지르고 웁니다. 아빠에게 시달리다 아이를 위해 이혼을 하였고 본격적으로 전문적 심리 치료를 받고, 약을 먹으며 수영, 미술, 모래놀이, 요리, 난타, 태권도, 뮤지컬, 댄스, 발레, 여행, 주말농사 등등 아이한테 좋다는 것은 다 해봤습니다.

아이는 나날이 점점 마르고 학교에서 또래들과 잘 못 어울리고 선생님 수업을 제대로 이해를 못하며 늘 학교 가기 싫다, 배 아프다 했습니다. 학교에서 왕따 당하며 급식도 제대로 안 먹습니다. 성인도 직장에서 왕따 취급 당하면 자살한다고 들었습니다. 딸아이는 학교 화장실에서 몰래 팔에다 자해를 많이 했습니다. 엄마인 저도 늘 불안하였습니다. 학교 근처 5분 거리에 방을 얻었습니다. 우연히 활동하는 대표님이 예하학교를 추천해주셨습니다. 대안학교 가는 게 어떠냐고.

처음에는 불쾌해서 못 들은 척 하였지만 아이가 점점 괴로워하여 별 기대 안 하고 서류 신청을 하였습니다. 합격 후 중 1때 예하예술학교 다녔습니다. 아이는 학교에서 다양한 활동을 하며 서서히 웃는 모습을 보였습니다. 잘 씻지도 않은 애가 잘 씻었습니다. 늘 악몽 시달려서 잠자는 것 두려워 했었는데, 잠도 잘 자고 악몽과 환청도 다 사라지고 책상에다 시험 목표를 써 놓고 이젠 공부가 재미있다면서 노력하려는 모습이 보입니다.

전에 온라인 수업할 때 살펴보니 모든 담당하는 선생님이 정말 애들한테 차분히 수업하며 흥미를 이끌어 주셨습니다. 현재 저희 딸아이는 학교 다닌 후부터 자신감과 자존감 생기고 댄스를 하며 무대 공연도 잘하고 있습니다.

2021년 추석 때 친정 가족들하고 같이 보냈습니다. 가족들은 아이가 너무나 밝고 이쁘게 잘 자랐다며 칭찬을 합니다. 사실은 이혼 후 가족들이 아이한테 지적을 하는 모습이 괴로워서 몇 년이나 연락을 끊고 살았습니다.

2021년 10월 함양군 인삼축제에서 딸아이 댄스팀이 초대를 받아서 공연을 하였습니다. 기자님들은 딸아이 춤 잘 춘다면 인터뷰하며 어르신들 또한 사진 같이 찍자고 했습니다. 그 장면을 보면서 엄마인 저는 뒤에서 몰래 엄청 울었습니다. 옛날에는 슬픔과 절망의 눈물이라면 이젠 행복한 눈물입니다.

지금 생각해보면 아마 엄마의 욕심 같아요. 내 아이를 인정하고 하루

빨리 대안학교 입학했으면 더 행복했을 텐데. 올해는 동화구연 자격증을 땄습니다. 일반 아이들에게는 별 것 아니지만 저희 아이한테는 기록적인 일입니다. 예하예술학교 모든 담당 선생님께 진심으로 고맙습니다. 아이한테 제2의 인생을 주었고 저희 가정에게 희망을 주었습니다.

너무나 감사하고 또 감사합니다. 도봉구 예하예술학교 선생님들께 감사드립니다.

예하예술학교 학부모 씀

6

공존의 사회를 만들어가는 사회적경제

2017년 캐나다 퀘벡 주에 있는 칼 폴라니 연구소를 방문하였다. 퀘벡 주는 현 시대에서 사회적경제를 가장 잘 정립하고 실천하여 성과를 보여주는 도시로서 특별한 인상을 주었다. 칼 폴라니는 헝가리 출신의 사상가이자 경제학자이다.

대표작인 《거대한 전환》(1944)을 통해 시장경제의 허구성을 폭로했다. 시장경제의 폐해가 극심해지면서 국가나 시장에만 맡겨서는 자본주의의 문제를 해결할 수 없다는 것을 강조하였다.

칼 폴라니 연구소가 있는 캐나다 퀘벡 주는 1990년대 초 경제위기 당시 실업률이 14%에 달했다. 1995년 경제위기에 봉착한 여성노동자들이 '빵과 장미의 행진'을 시작하였다. 이 행진의 결과로 퀘벡주정부를 중심으로 경영자단체와 노동자연맹, 사회단체 대표들이 모여 '퀘벡의 경제·사회·미래에 관한 연석회의'가 개최되었고, 공공부문과 시민사회단체가 상호 합의하여 퀘벡의 사회적경제에 대한 정의와 각종 사업 프로젝트 등 구체적인 경제위기 해결방안을 제시하였다.

우리나라의 사회적경제 지원센터와 같은 역할을 하는 '상티에'에서 만난 센터장 낸시 림 탄 대표는 '사회적경제란 생산 활동과 사회적 책임이 결합된 경제이며, 사회적 책임이라는 것은 민주적인 운영구조와 수익의 사회적 환원 시스템, 그리고 정부와는 독립된 자율적 경영체'라는 원칙과 '공동기획과 공동실천'의 거버넌스 추진체계를 강조했다.

랜시 린 탐은 정부와 시장경제가 할 수 없는 또는 하지 않는 돌봄과 복지, 환경과 문화 등의 영역에서 사회적경제 주체들이 어떻게 대응하고, 일자리 창출과 주민 생활의 향상을 위해 노력하는지 특유의 강인한 표정으로 설명하였다. 퀘벡 주의 실업률과 여성의 사회적 참여 부족 문제를 풀기 위해 제안된 사회적경제 시스템은 20년이 지난 지금 퀘벡 주의 인구(약 800만 명)보다 협동조합 조합원 수(약 880만 명)가 더 많아졌다. 또한 2,000개가 넘는 사회적 기업에서 6만 명이 일하고 있다.

산업혁명과 함께 형성된 자본주의의 최대의 문제점은 극단적인 이윤추구와 그로 인해 발생하는 양극화 등 각종 사회문제이다. 결국 시장은 자기 조정능력이 없기에 그에 대한 외부 개입이 불가피하다. 하지만 공공의 개입만으로는 문제가 해결되지 않는다는 것이 역사적으로 증명되고 있다. 사회적경제 영역은 정부의 기능이 미치지 않는 사각지대를 채울 수 있으며 공공영역의 한계를 보완할 수 있다. 사회적경제는 단순히 이익 추구뿐만 아니라 지속가능한 사회적 가치를 추구하기 때문이다.

한국의 사회적경제는 2007년 고용노동부의 일자리정책의 일환으로 시작된 사회적기업 지원과 함께 시작되었다. 사회적기업은 경력단절 여성, 구직청년, 저소득가구 등 사회경제적 약자를 채용하는 기업을 지원하는 구조로 만들어졌다. 하지만 정부의 지원을 받는 사회적기업들이 사회적 가치를 폭넓게 담아내지 못하고, 오히려 도덕적 해이를 드러낸 사례들이 빈번히 발생했다.

도봉구에서는 이러한 한계를 극복하고자 본래의 취지에 맞는 사회적경제기업으로 협동조합(사회적 협동조합 포함), 마을기업, 자활기업 등을 육성하고 지원하는 데 힘을 쏟고 있다.

지방정부와 사회적경제

UN이 2015년 협동조합의 해를 맞아 내세운 슬로건이 있다. "Cooperative enterprises build a better world(협동조합이 더 나은 세상을 만든다)"이다. 사회적경제가 추구하는 가치는 더 나은 사회라 할 수 있다.

최근 사회적경제와 관련한 지방정부의 역할이 주목받고 있다. 2013년 전국 사회연대경제 지방정부협의회가 출범했고, 48개의 지방자치단체가 가입되어 있다. 지방자치단체별로 관련 조례를 개정하고, 전국적으로 사회적경제를 확대하는 노력을 벌였다. 사회적경제 육성 및 지원조례 제정, 사회적경제기업제품 구매촉진 및 판로 지원에 관한 조례를 제정했다. 협동조합 설립 인가를 받는 숫자가 증가하고, 조합원 수나 피고용자 및 정규직 비율도 증가했다. 이러한 변화는 숫자의 변화일 뿐 아니라 질적인 측면에서의 변화이기도 하다.

2007년부터 시작된 사회적기업은 첫해 당시 55개에 불과했지만 지금은 3,000개가 넘는 사회적기업이 운영되고 있고, 50여 개로 시작된 협동조합은 10년 동안 2만 개가 넘게 만들어져 양적 성장을 이루었다. 총 고용인원도 늘었고, 평균임금도 증가했으며, 취약계층 고용현황도 증가하고, 기업의 생존율도 늘었다. 이 모든 변화는 우리나라의 사회적경제가 짧은 기간 동안 급속히 성장하고 있음을 보여준다.

도봉구의 마을기업과 자활기업, 협동조합을 포함한 사회적경제 조직은 130여 개로 모두 마을 안에서 성장하고 있다. 마을의 필요와 사회적 가치를 갖고 호혜의 경제를 꿈꾸는 사람들이 다양한 기업의 모델을 만들어가고 있다.

이러한 사회적경제기업으로는 사회적기업 20개소, 마을기업 4개소, 자활기업 4개소, 사회적 협동조합 20개소, 일반 협동조합 77개소, 개별 협동조합 7개소에 이른다.

취약계층을 위한 세탁과 도시락 사업, 발달장애인들의 자립을 위한 바리스타 교육과 커피전문점 운영, 집수리와 돌봄서비스 등 다양한 소셜 미션을 가진 기업들은 안정화 단계에 접어들고 있다. 최근에는 마을여행, 제로웨이스트와 같은 지역 밀착형 사업들이 사회적경제로의 새로운 도전을 시작하고 있으며, 서로서로 멘토, 멘티가 되어주며 시너지를 내기도 한다.

창동역 하부에는 각종 사회적경제기업의 제품들을 선보이고 판매도 할 수 있는 쇼룸 'SE마켓'이 있다. 일반 백화점이나 마트에 입점하기 어려운 수공예 제품들과 다양한 대안 생활재를 판매한다. 또 도봉구 곳곳에 주민들이 모이는 커뮤니티공간에는 이동형 마켓인 'SE마차'를 배치하여 일상에서 사회적경제 제품들을 접할 수 있도록 했다.

다양한 사회적 가치를 담은 기업들이 지역 안에서 상생하기 위해서는 무엇보다 기업이 안정적으로 유지되어야 한다. 도봉구는 마을공동체와 사회적경제를 연결하는 정책을 펼쳐 왔기에 마을공동체가 활성화된 만큼 사회적경제에 대한 이해도 높은 편이다. 규모의 경제에서 경쟁력을 갖기 어려운 사회적경제기업이기에 더욱 다채롭고 유기적으로 공존하려면 기업 혼자만이 아닌 지역 전체의 노력이 필요하다.

사회적경제기업의 성장과 과제

사회적경제는 지금까지 척박한 환경 속에서도 양적성장을 거듭해왔다. 또 여러 지방정부가 앞장서서 사회적경제의 지원을 위해 노력해왔다. 하지만 사회적경제가 규모의 경제를 이루고 한 단계 높은 질적 성장을 이루기 위해서는 제도적 여건을 갖추는 것이 필수이다. 그런 점에서 오래전부터 정부와 국회에 요구해온 사회적경제 기본법 제정이 아직도 국회의 문턱을 넘지 못하고 있는 것은 유감스러운 일이다.

사회적경제가 차가운 시장경제의 문제점을 극복하고 보다 인간적인 따뜻한 경제로 나아가는 데 기여할 수 있도록 제도의 정비가 시급히 이뤄지기를 희망한다.

7

경계를 넘기 위한 노력

지방자치단체장의 하루는 바쁘기 마련이다. 각종 보고와 결재 등 매일매일 정해져 있는 기본적인 업무뿐 아니라 각종 민원에 직접 부딪쳐야 하고, 현장을 직접 확인해야 한다. 그러다 보면 내가 어디로 가고 있는지 방향감각을 상실할 때가 많다. 또 단체장은 지역의 변화를 요구하는 주민들의 목소리에 귀를 기울여야 한다. 그런데 임기는 4년으로 제한되어 있고 지역에 따라 다르지만 예산도 매우 한정적인 경우가 많다. 갈 길은 먼데 시간은 빠르게 지나가고 행정의 속도는 느리다.

최근 코로나19가 한창일 때 어느 초선 단체장의 하소연을 들은 적이 있다. "선배님! 한 것도 별로 없이 4년이 훌쩍 지나가버렸어요. 어떻게 해야 돼요?" 당선된 지 1년 반 만에 코로나19가 발생하고, 어찌어찌하다 보니 4년이 다 지나갔다는 하소연이다. 코로나19로 대면접촉이 불가능한 상황이었고, 계속해서 마스크만 쓰고 다니다 보니 주민들이 자신의 얼굴도 못 알아본다는 것이다. 선거는 다가오는데 초조할 수밖에 없었을 것이라 생각한다.

단체장은 누구나 임기가 4년이다. 하지만 이 제한된 기간에 무엇을 할 것인가는 각자의 몫이다. 시장·군수·구청장들이 자신에게 주어진 제한된 권한을 갖고 지역의 발전을 위해 노력하는 것은 당연한 의무다. 그런데 그 노력이 진정으로 지역을 위한 것인지, 그리고 더 나아가 사회적으로 의미 있는 것인지를 판단할 수 있어야 한다. 4년 동안 최선을 다 했지만 지역의 한계에 갇히다 보면 결과적으로 우물 안 개구리로 우물 밖의 세상을 보지 못하는 경우가 생긴다.

사람들은 누구나 제한된 지식과 경험을 갖고 사는 존재이다. 나 역시 마찬가지이다. 나는 자신의 한계를 인정하고 다른 사람들의 경험, 다른 지역의 사례들을 귀담아 듣기 위해 노력했다. 우물 밖의 세상을 보기 위해 지방정부의 다양한 연대활동에 적극적으로 참여했고, 더 나아가 해외의 선진사례들을 배우기 위한 노력도 게을리 하지 않았다.

2010년부터 시작된 민선5기와 6기, 7기를 거치는 동안 많은 지방정부들의 연대모임이 만들어져 활발한 활동을 전개해 왔다. 내가 대표를 맡아 활동한 연대모임만도 6개에 이른다. 목민관클럽, 지속가능발전지방정부협의회, 혁신교육지방정부협의회, 아동친화도시추진지방정부협의회, 자치분권지방정부협의회, 한국인권도시협의회가 그 예이다. 그 외에도 사회연대경제지방정부협의회, 평생학습지방정부협의회, 기후위기대응·에너지전환 지방정부협의회 등 여러 지방정부가 각각의 지역적 범위를 뛰어넘는 사회적 의제를 공동으로 실천하고자 했던 노력들은 우리나라 지방자치 역사에서 높이 평가받아야 할 부분이라 생각한다.

지역적 경계를 넘어 정책연대를 이뤄낸 지방정부협의회

지속가능발전지방정부협의회

도봉구가 참여했던 행정협의회 중에서 몇 개만 소개한다. 우선 이름이 생소할 수 있지만 '지속가능발전지방정부협의회'가 있다. UN에서 지구촌 공동의 목표로 삼고 있는 지속가능발전목표SDGs를 지방정부 차원에서 추진하기 위하여 2015년에 출범시켰다.

당시 중앙정부의 추진이 미온적이어서 지방정부의 역할이 중요했다. 협의회 회장으로서 지방정부의 힘을 모아 지속가능발전기본법 제정을 촉구하여 2021년 12월 관련법이 제정되는 등의 결실도 이뤘다.

도봉구청은 이미 우리나라에서는 지속가능발전 모범도시로 알려져 있다. UN대학으로부터 지속가능발전교육 거점도시(RCE)로 선정되기도 했다. 도봉구청의 어떤 부서를 방문하든 출입문의 공무원 좌석배치도 옆에 해당과가 UN 지속가능발전목표 몇 번을 다루고 있는지 알 수 있다. 예를 들어 구청 도시재생과에 가면 출입구 앞에 지속가능발전목표 9번(산업, 혁신과 인프라)과 11번(지속가능한 도시와 공동체)을 달성하기 위해 노력한다고 명시하였다. 공무원들이 자신에게 주어진 일을 맡아 추진하면서 자신이 하고 있는 일이 궁극적으로 어떤 사회적 목표를 향하고 있는지 인식하고 일하는 것과 그렇지 않은 것에는 차이가 있을 수밖에 없다.

아래 글은 내가 지속가능발전 지방정부협의회 회장 자격으로 2019년 7월, 국회에서 열린 〈지속가능발전목표 이행을 위한 토론회〉에서 발표했던 것으로, 지속가능발전에 관한 이해를 돕기 위해 싣는다.

더 나은 사회를 위한 지속가능발전, 새로운 출발이 필요합니다

- 지속가능발전지방정부협의회 회장, 도봉구청장 이동진

30여 년 전 세계는 미래를 향한 가치의 전환을 시작했습니다. 1987년 세계환경개발위원회가 유엔에 제출한 〈우리 공동의 미래〉Our Common Future라는 보고서에서 지속가능발전Sustainable Developement 개념을 본격적으로 제시했습니다. 지속가능발전이라는 용어는 이제 우리 사회에서도 낯설지 않을 만큼 통용되고 있습니다.

이 보고서는 지속가능발전의 개념을 '미래세대의 필요를 충족시키는 능력을 저해하지 않으면서 현재세대의 필요를 충족시키는 발전'으로 정의함으로써 지구환경의 문제로부터 출발해 정치·경제·사회체제와 생산·기술체제로까지 확장하였습니다. 경제, 사회, 환경의 균형을 통해 인류사회가 지향해야 할 보편적 가치이자 지향점을 제시한 것입니다.

2015년 세계는 또 한 번 담대한 도전을 시작했습니다. 제70차 유엔총회에서 양극화와 사회갈등, 기후변화로 몸살을 앓고 있는 지구촌이 지향해야 할 공동의 목표로 17개의 지속가능발전목표(SDGs, Sustainable Developement Goals)와 169개의 세부목표를 설정하였고, 각국 정부는 이 목표를 실현하기 위해 분주히 움직이고 있습니다.

이런 국제적인 흐름과는 달리 그동안 우리 정부의 준비와 노력은 매우 더디기 그지없습니다. 오히려 국제적 흐름과 시대적 요청에 역행해왔다 해도 과언이 아닐 것입니다. 노무현 정부 들어 경제, 사회, 환경의 통합 정책을 지향하며 제정한 지속가능발전기본법이 얼마 후 기후환경과 산업분야에 국한된 저탄소녹색성장기본법으로 대체되었고, 지속가능발전법은 일반법으로 축소되었습니다. 국제적으로 상위개념인 지속가능발전이 실행수단에 불과한 녹색성장과 위상이 뒤바뀐 것입니다. 그 결과 대통령 직속기구였던 지속가능발전위원회는 환경부 소속으로 격하되었고, 저탄소녹색성장위원회는 현재 국무총리 소속으로 운영되고 있습니다.

경쟁과 효율을 우선적 가치로 삼는 시장경제체제가 일반화된 사회에서 지속가능발전의 가치를 실현하기 위해서는 무엇보다도 정부를 비롯한 공공부문의 강력한 의지가 중요하다 할 것입니다. 현행 관련법령과 추진기구는 정부의 의지를 담고 있다고 보기 어렵습니다. 지속가능발전과 관련한 국제사회의 일관된 흐름과는 달리 우리의 경우 권력의 교체기마다 관련정책이 크게 흔들렸고, 아직도 제대로 자리를 잡지 못하고 있습니다.

이러한 때 우리나라 지방정부의 아래로부터의 움직임을 주목할 필요가 있습니다. 지난 4월 18일 지속가능발전지방정부협의회는 지속가능발전법 개정과 지속가능발전위원회의 대통령 직속기구로 환원 등을 골자로 한 결의문을 채택한 바 있습니다. 시대 흐름에 맞게 관계법령이 정비되지 못하고, 중앙정부 역시 강력한 의지를 보여주고 있지 못한 상황에서 '지속가능발전지방정부협의회'를 중심으로 여러 지방정부가 SDGs 이행 계획을 수립하고 이를 실천하기 위한 노력을 기울여왔습니다.

예를 들어 서울시 도봉구는 지방정부차원에서 지속가능발전 정책을 선도적으로 추진해왔습니다. 지속가능발전 추진을 위한 과단위 전담조직을 구성하였고, 지속가능발전조례를 제정하여 운영하고 있습니다. 민관협치에 의한 지속가능발전 기본계획 및 이행계획을 자체적으로 수립하여 유엔의 17개 지속가능발전목표를 구정 전반에 실현하기 위해 노력해왔습니다. 이는 모두 전국 최초의 사례입니다.

우리 모두는 미래세대에게 더 나은 사회를 물려줄 책임이 있습니다. 지속가능발전은 진보와 보수의 개념을 뛰어넘어 더 나은 미래사회를 위해 국제사회가 합의한 인류보편적 가치라고 할 수 있습니다. 지금이라도 정부와 여야가 협력하여 국제사회의 흐름에 발맞춰 파편화된 관계법령을 지속가능발전기본법으로 일원화하고, 추진기구인 지속가능발전위원회를 대통령 직속으로 환원하여 중앙정부와 지방정부, 그리고 시민사회와 산업계가 더 나은 미래사회를 위해 함께 손잡고 나아갈 수 있기를 희망합니다.

아무쪼록 오늘 토론회가 대한민국 지속가능발전의 새로운 출발점으로 가는 의미있는 징검다리가 될 수 있기를 바랍니다.

아동친화도시지방정부협의회

아동이 살기 좋은 도시는 모두가 살기 좋은 도시임이 분명하다. '아동친화도시지방정부협의회'는 유니세프아동친화도시 인증을 받았거나 인증 과정 중에 있는 전국 지방정부들의 협의체들이다. 2018년 9월 협의회의 회장으로 선출되었을 때는 59개 지방정부가 참여하고 있었다. 현재는 98개 도시가 회원으로 늘었다. 도봉구는 처음부터 유니세프의 10가지 원칙을 모두 통과해 전국에서 최초로 완전한 아동친화도시로 인증을 받은 바 있다. 아동친화도시는 아동을 보호의 대상일 뿐 아니라 권리의 주체로 인식하는 철학에 기초하고 있다. 이런 관점에서 도봉구는 아동청소년이 지역사회의 주체로 성장할 수 있도록 제도적 기반을 마련하고 아낌없는 지원을 하고 있다. 아동청소년 의회의 구성과 운영, 청소년 참여예산제 도입 등이 그 예이다. 이러한 노력을 지방정부들과 함께 공유하고 경험을 나누면서 아동친화도시가 확산되는 것은 고무적인 일이다.

자치분권지방정부협의회

대한민국 지방자치 발전에 큰 기여를 하고 있는 '자치분권지방정부협의회'가 있다. 지방자치 부활 30년을 넘어선 시점에서 지방자치법 전부개정안이 2020년 국회 문턱을 넘었다. 부족한 부분도 있지만 자치분권 2.0시대를 열어나가는 제도적 기반을 마련했다는 데 의미가 있다. 여기까지 오는 동안 자치분권 지방정부협의회를 비롯한 지방자치 일선에서의 끊임없는 노력이 있었다.

또한 협의회는 자치분권에 관한 일종의 시민대학인 자치분권대학을 운영하고 있다. 2021년 기준으로 전국 50여 개 도시에서 약 8,000여 명의 주민이 대학의 학기 운영과 동일한 방식으로 수준 높은 강의를 수강하였다. 자치분권대학은 50여 명으로 구성된 각 대학의 교수단이 참여하여 강의를 맡아 시민 활동가들을 양성하는 데 기여하고 있고, 이들이 주민자치에 적극적으로 참여하도록 힘쓰고 있다. 나는 자치분권지방정부 협의회의 회장으로, 또 자치분권대학의 총장으로 역할을 할 수 있었던 것을 지금도 자랑스럽게 생각하고 있다. 주민 중심의 더 많은 자치와 분권, 더 많은 주민의 참여는 결국 더 좋은 민주주의와 더 나은 사회를 만든다고 생각하기 때문이다.

사회연대경제지방정부협의회

지방정부에서 사회적경제를 확산하기 위하여 현재 49개 도시가 참여하는 '사회연대경제지방정부협의회'도 출범시켰다. 연대와 협력이라는 관점을 분명히 하고자 논의 끝에 사회적경제가 아니라 사회연대경제지방정부협의회로 이름 붙였던 것으로 기억한다. 협의회는 지방정부에서 사회적경제를 알리고 교육하고, 지원조례 등을 통해 사회적경제가 지역사회에서 안착하는 데 큰 역할을 했다고 평가할 수 있다. 혼자가 아니라 연대와 협력으로 다 함께 추진했기 때문에 전국적으로 사회적경제가 활성화될 수 있었다.

기후위기대응·에너지전환지방정부협의회

기후위기가 최근 몇 년 동안 뜨거운 이슈로 떠오른 가운데 '기후위기대응·에너지전환 지방정부협의회'가 만들어져 학습과 더불어 지방정부 차원의 대응방안을 모색하고 있다. 기후위기에 대응하고 탄소중립을 실현하기 위하여 에너지 전환을 이뤄야 하지만 매우 어려운 과제이다. 에너지를 사용하는 데 익숙해진 시민들에겐 많은 불편함을 가져오기 때문이다. 그러나 청소년세대 또는 다음 세대에 대한 우리의 책임을 방기할 수 없다. 기후위기 대응은 중앙정부의 노력만으로는 불가능하다는 점에서 지방정부 간의 협력과 공동의 노력이 매우 필요하고도 의미있는 도전이다.

자발적 학습공동체 목민관클럽

목민관클럽은 진정한 풀뿌리 민주주의를 실현하고 지속가능한 지역을 만드는 정책개발을 목표로 기초자치단체장들이 2006년 故 박원순 시장이 만든 희망제작소와 함께 만든 모임이다. 목민관클럽을 통해 전국의 지방정부단체장들이 좋은 정치를 함께 고민하고 배우기 위해 노력해왔다.

목민관클럽에서 강조하는 내용은 '생각은 글로벌하게', '지방자치의 실천은 지역에서', '경험을 공유하고 배우는 자리 확대'와 같은 것이다. 지자체장들이 함께 모여 공부와 연구를 하며 지역과 주민을 위한 정책을 만들어 나간다는 시도 자체가 획기적이었다. 목민관클럽은 초정파적인 모임으로 정기포럼을 통해 아이디어를 공동 개발하고 지역 의제를 제시하기도 했다. 지방자치단체마다 우수혁신정책이라든지 타 지역에 추천하고 싶은 노하우나 고민하고 있는 과제 등을 발표하는 형식을 선

목민관클럽 정기포럼에서 도봉구 정책사례를 발표하는 모습

보였다.

목민관클럽은 앞서의 여러 지방정부협의회처럼 조례로 이뤄진 조직이 아니라 자율적인 학습공동체라고 할 수 있다. 지방정부의 지역사회 혁신을 위해 정책에 대해 정보를 얻고, 학습을 하면서 배움을 확장하는 역할을 한다. 시장·군수·구청장들이 가치를 함께 나누고, 경험을 공유하게 된다. 나 또한 목민관클럽에서 도봉구의 여러 우수 혁신 정책들을 발표한 바 있다.

초선 시절에는 지방정부의 인사평가시스템을 공유하면서 여러 지자체에서 벤치마킹하고 실질적으로 실효성을 거두기도 했다. 또한 구청의 유휴공간을 ‘구민청’으로 만든 사례, 민관 협치를 통한 도봉형 마을 방과후의 성과, 대결과 분단의 상징인 대전차방호시설을 평화와 문화와 창조의 공간으로 바꾼 평화문화진지, 마을활력소 사례, 2만 석 규모의 서울아레나 추진사례 등 실질적으로 도봉구에서 성과를 거둔 정책에 대해 소개하였다.

목민관클럽을 통해 혁신정책을 계속 발굴하고, 확산시키면서 지역사회 혁신을 위해 무엇을 할 수 있는지 고민하는 시간이 되었다. 담당부서 공무원들과 늦은 시간까지 토론을 이어나가고, 타 지자체 탐방을 가기도 했다. 목민관클럽은 우물 안 개구리 식의 사고를 막을 수 있는 열린 모임이다. 경험만큼 값진 배움은 없다. 또한 경험을 나누면서 스스로 깨달음을 얻기도 한다.

8

기후위기를 생각하며

지구에서 가장 추운 곳이라 불리는 시베리아 최북단에 무더위가 찾아오고, 일본과 중국에서도 폭우와 홍수 피해가 발생하고, 알프스와 남극의 빙하는 점점 녹고 있다.

대한민국도 강원도를 중심으로 산불이 발생해 피해가 큰 폭으로 증가하고 있는 실정이다. 이 모든 현상은 급속히 진행되는 지구온난화의 영향이다. 지금의 속도대로라면 21세기 말 지구의 평균온도는 3.7도 높아진다는 보고가 있다.

기후변화에 의한 지구적 재앙이 예고되는 가운데 위기대응을 위한 지구촌 차원의 실천과 노력이 필요하다. 그럼에도 불구하고 최근 화두가 되고 있는 탄소중립에 관한 정부의 대응은 터무니없이 부족할 뿐 아니라 느리기만 하다. 탄소중립이라는 관점에서 전반적인 대응을 하기 시작한 것은 극히 최근의 일이다.

산업화 이전 대비 지구의 온도가 2℃ 오르면

과학자들에 의하면 산업화 이후 지난 100년간 지구의 평균온도는 1.1℃가 올랐다고 한다. 2℃가 오르면 더 이상 지구의 온도는 되돌릴 수 없어지며, 지구는 계속 더워지는 가속화가 시작된다고 한다. 도봉구 역시 예외일 수 없다.

지구의 평균 온도가 2℃가 오르면 어떻게 될 것인가? 2020년에 발간된 '2050 거주불능 지구'The Uninhabitable Earth를 보자. 평균기온 1℃가 올랐을 때 주곡 작물의 수확량 10% 감소와 4~5등급의 허리케인 발생빈도 25~30% 증가를 예측하고 있다. 이미 1.1℃가 올랐으니 이러한 현상은 이미 우리가 겪고 있는 일일 것이다.

2℃가 오르면 적도 지방의 주요도시는 거주불능 지역으로 변하며, 물 부족을 겪는 인구가 4억 명 이상으로 증가하고 여름마다 북위도 지역에서 수천 명이 폭염으로 사망할 것이라고 예측하고 있다. 3℃가 오르면 영구적인 가뭄에 돌입하고, 4℃가 오르면 아프리카, 호주, 미국 등이 거주불가능 지역으로 변화하며, 5℃가 오르면 전 지구가 거주불가능 지역으로 변화한다고 경고하고 있다.

지구온난화와 기후위기는 현실을 살고 있는 우리들이 시급히 해결해야 할 지구적 과제이다. 나는 '지구적으로 생각하고, 지역적으로 행동하자'라는 말을 자주 해왔다. 우리가 이 시간에도 배출하고 있는 온실가스는 사라지지 않고 수백 년 동안 대기 중에 남아 있으면서 기후변화에 계속 영향을 미치게 될 것이고 결국은 다음 세대들이 우리가 만들어 놓은 어렵고 모진 시련을 겪으며 위험한 길을 헤쳐 나가야 한다. 스웨덴

스웨덴의 환경운동가 그레타 툰베리

"세계 지도자들이 온실가스 감축 등 각종 환경공약을 내세우면서도 실질적 행동은 하지 않고 있다."

"생태계가 무너지고 대 멸종위기 앞에 있는데도 당신들은 돈과 영원한 경제성장이라는 동화같은 이야기만 늘어놓고 있다."

"미래 세대의 눈이 당신들을 향해 있다. 우리를 실망시킨다면 결코 용서하지 않을 것이다."

의 청소년 환경운동가 그레타 툰베리가 2019년 미국 뉴욕에서 열린 '기후행동 정상회의'에서 연설한 모습이 잊히지 않는다.

도봉구의 앞서가는 탄소중립정책

도봉구는 정부보다도 발 빠르게 움직였다. 사실 중앙정부가 꼭 먼저 시작해야 하는 것은 아니다. 보통의 행정은 정부가 큰 틀의 목표를 세우고 광역자치단체가 목표와 계획을 수립하면, 기초자치단체는 이를 복사하여 실행계획을 수립하는 절차를 갖게 된다. 그럼에도 먼저 나서서 신속히 기후위기에 대응하는 것이 중요하다고 판단하였다. 2021년 9월 전국 최초로 '2050년 탄소 중립'을 목표로 하는 '도봉구 탄소중립 기

평화문화진지에 그려진 '북극곰과 소' 벽화(구헌주, 2020, spray paint).
기후변화로 유빙에 갇힌 북극곰과 홍수로 지붕 위에 피신한 황소의 모습

본조례'를 제정했다. 기초자치단체부터 탄소중립 실현에 앞장서겠다는 게 핵심이었다.

탄소중립은 도덕적 의무를 넘어 인류의 생존을 위해 반드시 달성해야 할 목표이다. 누군가 대신 해결해 줄 수도 없다. 어디선가는 먼저 시작하고 확대해 나가려는 노력이 중요하다.

2020년 6월 15일, 2020년 지속가능발전지방정부협의회 회장을 맡고 있을 당시 지방정부들이 먼저 '대한민국 기후위기 비상선언'을 했다. 6월 15일 환경의 날이었다. 226개 모든 지방자치단체 시군구가 참여한 사상 초유의 일이었다. 나는 지속가능발전지방정부협의회 회장으로서 기초지방정부들이 '대한민국 기후위기 비상선언'에 참여하는 데 나름의 역할을 담당한 일을 자랑스럽게 생각하고 있다.

지속가능발전지방정부협의회는 결의문을 통해 현행 〈저탄소녹생성

대한민국 기초지방정부 '기후위기 비상선언'

장기본법〉에 규정된 지속가능발전 관련조항을 이관 및 분리시켜 독립적인 〈지속가능발전기본법〉으로 제정할 것을 촉구했다. 그 이후 중앙정부에서도 대통령이 탄소중립을 선언하면서 국가 정책도 적극적으로 바뀌었다.

탄소배출량을 측정하는 시스템 최초 구축

탄소중립에 대한 목표나 계획을 세우기 위해서는 무엇보다도 매년 우리가 얼마나 온실가스를 배출하는지 알아야 한다. 데이터가 있어야 그것을 기준으로 감축계획을 세울 수 있는 것이다. 국가 전체적인 데이터는 있겠지만 세분화된 데이터가 없었다. 도봉구는 자체적으로 탄소배출량을 측정하는 '인벤토리inventory 구축'을 위한 시스템을 마련했다. 올해의 탄소 배출량을 측정하고 그것을 기준으로 감축목표를 세우고 줄여나가기 위한 노력을 하는 선도적이고 시범적인 일이었다. 참고로, 인벤토리는 온실가스를 배출하는 원인을 규명하고 각 배출원에 따른 배출량을 산정할 수 있도록 목록화해 놓은 통계 시스템이다.

올해 3월 25일부터 시행된 〈기후위기 대응을 위한 탄소중립·녹색성장기본법〉에 따라 국가는 탄소중립기본계획을 수립하고 광역지자체도 기본계획을 만들어야 한다. 그리고 나면 기초단체의 기본계획도 수립하게 된다. 도봉구는 국가의 기본계획도 만들어지지 않은 상태에서 현재 탄소중립 기본계획 수립을 하고 있다.

탄소중립을 위한 기본계획을 수립하고 감축목표를 구체화하기 위해서는 탄소를 얼마나 배출하고 있는지를 알아야 한다. 2017년 배출량까지는 환경관리공단에서 종합적으로 측정하여 각 지자체에 통보해주었지만 최근에는 그마저도 중단하였다. 예를 들어 작년 탄소배출량이 얼마였고, 2050년까지 탄소배출중립화Net-Zero를 달성하려면 매년 어느 정도까지 줄여야 목표를 달성할 수 있는 것인지 설정할 수 있는 기준이 필요하다. 그렇기 때문에 인벤토리 구축이 우선되어야 한다. 도봉구에서는 올해부터 자체적으로 탄소배출량을 측정할 수 있는 도구를 개발하고 있고, 이것이 완성되면 전국 지자체와 공유할 예정이다.

2050년까지 Net-Zero(온실가스 순 배출량 '0')를 달성하겠다는 목표를 이행하기 위해서는 매년 줄여나가야 할 온실가스 감축량을 설정해야 한다. 구체적으로 우리 구는 올해 6개 부문에서 27개 세부사업을 통해 탄소를 줄인다는 목표를 세웠다. △녹색건물 2만 9,789t △녹색수송

1,990t △녹색에너지 323t △녹색폐기물 2,745t △녹색숲 110t △녹색생활 1만 6,409t 등 구체적인 수치 목표를 설정하였다.

탄소중립은 공공의 노력만으로는 불가능하다. 시민들의 동참이 필수다. 이를 위해 우리구는 지난해부터 '탄소중립 실천 캠페인'을 벌이면서 '1인당 온실가스 4t 줄이기 실천 약속' 서명을 받고 있다. 이와 함께 온실가스를 줄이면 마일리지를 지급하는 '탄소공Zero감減마일리지' 시스템을 구축하여 모든 분야에서 온실가스 감축 활동을 추진해 나가고 있다.

도봉구, "도시 기후위기 대응의 환상적인 사례"

새로운 정책을 실천하기 위해서는 담당 공무원의 역량이 중요하다. 이를 위해 도봉구는 서울시에서는 유일하게 환경정책과장을 환경(전문)직 공무원으로 보임했다. 공무원 사회에서 다른 직렬의 5급 사무관 자리를 하나 줄이는 일은 결코 쉬운 일이 아니다. 결과적으로 행정직 사무관 자리 하나를 줄였다. 강한 실천의지를 보인 셈이다. 기후위기에 대한 대응은 지속가능한 사회를 위한 최소한의 전제라는 생각으로 도봉구는 이 분야에서 공공의 역할을 강화해왔다.

그 결과 도봉구는 전 세계 965개 도시를 대상으로 시행된 '국제탄소정보공개 프로젝트CDP 2021' 평가에서 최고 등급(A)을 획득했다. CDP는 영국의 비영리 국제조직으로, 세계적으로 가장 공신력 있는 탄소정보공개 플랫폼으로 꼽힌다. 현재 전 세계 약 9,600개 기업과 1,000여 개

도시가 가입돼 있다. 이번 CDP 평가에서 A등급을 받은 건 우리나라에서 도봉구가 유일하다. 기초자치단체는 물론, 광역 자치단체 중에서도 A 등급을 받은 곳이 없다. CDP는 도봉구에 보낸 메일에서 "도시 기후위기대응 리더십의 환상적인 예"Your city is a fantastic example of such sorely needed climate leadership라며 도봉구의 노력을 극찬하였다.

도시와
마을을
바라보는 눈

3 장

1

도시의 정체성

'도봉구' 하면 떠오르는 이미지는 단연 도봉산이다. 제1호 국립공원으로 지정된 북한산국립공원에 속한 도봉산은 수도권에 위치한 명산 중의 명산이자 도봉구의 자랑이다. 주말이 되면 전국에서 또는 해외에서 찾아오는 약 3만 명의 등산객이 찾는 보물 같은 존재이다. 그러나 도봉구 하면 떠오르는 것이 도봉산밖에 없다는 것은 뛰어넘어야 할 인식의 벽이었다.

꿈꾸고 도전하지 않으면 아무런 변화도 일어나지 않는다. 나는 꿈꾸는 도시, 정체성이 살아있는 도시를 만들고 싶었다. 도봉구민의 경우 살기 좋은 동네라는 인식은 있었다. 하지만 정주의식이랄까, 내가 도봉구민이라는 것에 대한 자긍심은 비교적 낮았다. 서울의 변방이라는 인식과 더불어 경제적 기반이 취약한 도시, 일자리가 부족한 베드타운bed town이라는 인식이 강했다. 출근시간대 지하철 4호선은 도봉구 방면의

객실은 한가한데 비해 도심 방향의 지하철은 푸쉬맨이 필요할 정도로 빽빽하다.

정체성은 그 도시만의 특성이며, 도시의 이미지를 구체화하는 본질이다. 독특한 정체성이 있는 도시는 그곳에 사는 사람들에게 자긍심을 심어 주고, 방문하는 사람들에게는 의미 있는 장소와 공간으로 기억된다.

변화의 바람은 창의적인 도전에서 시작된다. 이전의 방식으로 답습했던 행정에서 도시의 정체성을 세우고자 하는 도전으로 도시의 변화를 이끌어내는 것이 필요했다.

그 첫 번째 시도는 도봉구의 역사문화자원을 발굴하는 것이었다. 도봉구와 인연을 맺고 살아왔던 분들 중에서 시대적 가치를 실현하고자 헌신했던 역사인물을 발굴하여 기억할 수 있는 공간을 만들고 도봉구 고유의 문화자원을 발굴하여 주민들에게 드러내 보이는 작업을 시작했다.

두 번째로는 다양한 공간을 재생하고 그 공간에 스토리를 입혀 완전히 새로운 이미지로 재탄생하게 만드는 일을 지속적으로 추진해왔다.

마지막으로 내가 임기 12년 동안 혼신의 힘을 다해 추진해왔던 '서울아레나'이다. 국내 최초이자 최대 규모의 대중음악 전문공연장 서울아레나는 도봉구를 대한민국을 넘어 아시아, 나아가 세계적 공연문화의 중심지로 탈바꿈시킬 것으로 기대한다. 서울아레나는 뒷장에서 따로 기술할 생각이다.

역사적 인물 속에서 도시의 정체성을 보다

시대정신을 구현하기 위해 가치 있는 삶을 살았던 도봉구 인물을 찾고 기억 공간을 만드는 일도 그리 만만한 일은 아니었다. 이런저런 반대에 부딪히기도 했고 예산 마련도 녹록지 않았다.

대한민국의 대표적 현대시인 김수영. 그는 북한인민군에게 붙들렸다가 탈출한 후에 포로수용소에 갇히기도 한 경계인의 삶을 살았다. 방학동에 마련한 김수영문학관은 서울시 최초의 시문학관이라는 의미도 담고 있다.

민주주의와 인권, 평화를 위해 평생을 헌신해 오신 함석헌 선생께서 사셨던 집을 매입하여 함석헌기념관으로 만들었다.

일제 강점기, 강탈되거나 값싸게 팔려나가던 국보급 문화재들을 전 재산을 팔다시피하여 우리의 민족문화자산을 지켜낸 전형필 선생의 가옥. 부끄럽게도 폐가처럼 방치되어 있던 옛집을 전면 보수하여 문화재로 등록하고 시민들에게 개방했다.

가치 있는 삶을 살다 가신 역사적인 인물의 자취를 남기고, 주민들에게 선한 영향력을 미치는 공간으로 만드는 것은 모두 주민들의 자부심을 높이는 일이 되었다. 단지 건물을 짓는 것으로 끝나지 않고, 다양한 프로그램이나 전시, 공연 등이 이어지면서 살아 있는 배움터가 되도록 했다. 공간을 통해 마을의 사람들이 모이고, 새로운 콘텐츠가 만들어져 마을의 품격을 높였다.

그냥 지나치면 아무것도 발견하지 못하지만 평범한 것에 깃든 아름다움을 보는 눈을 키우면 작은 것에서도 가치를 발견하게 된다. 자세히 보면 아름다운 것들이 우리 주변에 무척 많다.

나는 앞서 얘기한 공간들 말고도 도봉구의 숨겨진 보물들을 발굴하기 위한 노력을 지속해왔다. 지하자원을 캐내는 일은 유한한 자원을 발굴하는 일이지만 역사와 문화자원은 캐낼수록 무한한 가능성을 드러내고 도시정체성을 높인다.

2

공간재생, 도시의 역사와 정체성을 담다

민선5기 구청장으로 취임하기 전 서울시에는 뉴타운 건설이라는 부동산 광풍이 불었고 도봉구도 그 회오리에 휘말렸다. 저층 주거지를 중심으로 모든 지역에서 뉴타운 건설을 요구했다. 하지만 개발이 끝난 뉴타운의 경우 원래의 거주민들은 20%도 입주하지 못하는 것으로 드러났다. 재입주에 들어가는 막대한 추가비용을 감당하기 어려웠기 때문이다. 그런 이유로 도봉구에서 재개발, 재건축을 추진하던 지구 중 대부분은 주민들이 스스로 개발을 포기했다.

나는 재개발, 재건축 자체를 악으로 생각하지는 않는다. 주민의 주거환경 개선을 위한 욕구는 당연하다. 하지만 결과적으로 거주민을 몰아내는 방식의 재개발은 재고될 필요가 있다. 다른 한편으로 모든 것을 다 밀어버리는 방식, 특히 의미 있는 공간조차도 되살리지 못하고 없애버리는 방식의 무지막지함에 대해서는 마음속으로 저항감을 갖고 있다.

프랑스 파리 인근의 작은 도시에서 반 고흐의 발자취를 느낄 수 있는 공간을 본 적이 있다. 파리라는 도시가 가지고 있는 무한한 가치를 보면서도 더 강한 인상으로 남은 것은 파리 인근의 작은 마을에 있는 반 고흐가 생애 마지막을 보냈던 '라부 여인숙'이라는 곳이었다.

'라부 여인숙'은 1890년대의 모습 그대로 복원되어 있다. 반고흐 재단을 만든 도미니크 얀선스는 "고흐의 방에는 볼 것은 없지만 느낄 것이 많다. 침묵이 밴 공간이다"라고 말했다. 주변 환경이 개발로 변하는 게 싫어서 '라부 여인숙'뿐만 아니라 인근 주택 다섯 채를 구입해 예전의 모습을 보존하고 있다.

살아생전 고흐는 자신의 작품이 미술관이 아니라 호텔이나 학교, 카페, 정원 등 일상적인 공간에 걸리기를 원했다. 고흐의 여인숙을 보존한 사례처럼 도시에서의 의미 있는 공간은 보존될 필요가 있고, 그 공간이 역사성과 문화적 스토리를 갖게 될 때 그로 인해 도시의 품격이 높아진다는 것을 우리는 알아야 한다.

고흐의 여인숙을 방문해서 느꼈던 기억은 공간재생과 도시재생의 작은 차이를 발견하게 되는 중요한 이정표가 되었다. 도시재생이라는 큰 틀에서 둘을 혼용해서 사용하고 있지만 그 차이를 구분하고 도시를 바라보는 전략에서 다르게 접근할 필요가 있다고 생각한다. 도시재생이 도시의 활력을 높이는 것이라면 공간재생은 도시의 정체성을 만들고 증진시키는 일이다.

쌍문동은 둘리의 집

우리나라를 대표하는 1세대 만화 캐릭터 '둘리'와 도봉구는 무슨 연관이 있을까. 빙하에 갇혀있던 둘리가 한강에 떨어졌다가 도봉구 쌍문동 우이천에서 '고길동' 가족에게 발견되면서부터 만화가 시작된다. 그래서 둘리의 제2의 고향은 바로 도봉구 쌍문동이다. 그리고 둘리의 원작가인 김수정 화백이 쌍문동에서 거주하면서 작업을 했던 것을 토대로 쌍문동에 둘리의 집인 '둘리뮤지엄'을 마련하게 되었다.

한국만화의 1세대라 할 수 있는 《아기공룡 둘리》는 일본의 애니메이션과 비교도 할 수 없는 80년대의 척박한 토양에서 자생적으로 만들어진 창작물이다. 1983년 월간 만화잡지 〈보물섬〉 4월호에 처음 선보인 후 10년 4개월 동안 연재되었으며 KBS 만화 영화로도 방영되며 온 국민의 사랑을 받았다.

둘리뮤지엄은 다양한 체험형 박물관으로 만들어졌고, 둘리 도서관이나 캐릭터 상품도 전시해놓음으로써 가족들이 함께 즐길 수 있는 문화예술 공간으로 자리잡았다. 가장 한국적인 감수성으로 성공한 둘리뮤지엄은 가치 소비의 시대 도봉구의 중요한 자원이 되었다.

과거에는 만화영화나 만화책·그림책, 국제 행사 마스코트로 탄생된 캐릭터가 단순 마케팅 도구로만 활용되었다. 그런데 일본의 '지브리뮤지엄'을 방문해서 느낀 것은 현재의 캐릭터는 상품 제작과 온라인 영상 콘텐츠, 게임, 공연 등 다양한 멀티미디어 제작까지 캐릭터 비즈니스로 활발하게 성장하고 있다는 것이었다.

캐릭터 하나만으로 브랜드 가치가 인정받게 되면서 수많은 부가가치가 만들어진다. 세계적인 애니메이션 박물관인 일본의 '지브리뮤지엄'과는 비교할 수 없겠지만 도봉이라는 척박한 문화적 토양 속에서 이뤄

둘리뮤지엄

낸 것이 '둘리뮤지엄'이다.

둘리뮤지엄을 개관하고 인근 쌍문동 근린공원을 둘리테마공원과 숲속 붕붕도서관으로 확장 조성하였다. 쌍문역부터 둘리뮤지엄까지의 길은 둘리 테마의 걷고 싶은 거리로 만들었다.

우이천 쌍문교~쌍한교~수유교 구간 제방에 둘리 벽화거리를 조성했다. 벽화 길이만 무려 420m에 달한다. 단일 캐릭터 벽화 중에서는 국내에서 가장 길다. 벽화조성을 위해 김수정 작가가 벽화 초안을 그리고, 벽화 전문가와 덕성여대 예술대학 학생 70여 명이 벽화 그리기에 매진했다.

우연하게 찾아온 간송 전형필 고택

2011년 지인들과 산행차 방학동 성당 쪽 둘레길로 접어들었는데, 오른편 언덕 양지바른 곳에 말끔하게 단장한 규모가 큰 봉분이 눈에 들어왔다. 조금 더 다가가니 허름한 벽돌 담장 너머로 세월의 무게를 이기지 못하고 퇴락한 한옥 한 채가 파란 천막에 덮인 채 힘겹게 숨 쉬는 듯한 모습이 보였다. 이상하게도 발길이 떨어지지 않았다. 수소문 끝에 그곳이 간송 전형필(1906~1962) 선생의 고택과 묘소임을 알게 되었을 때 순간 심장이 뛰면서 간송께 죄송한 마음이 차올랐다.

간송은 일제강점기의 어두운 시절, 한 줄기 빛처럼 "문화로 나라를 지킨다."文化保國는 일념으로 우리나라 민족문화 수호에 헌신하신 분임을 너무나 잘 알고 있기에 간송의 유적을 뒤늦게 알게 된 것이 몹시 부끄러웠다. 곧바로 후손들(간송미술문화재단)과 긴밀하게 협의하여 문화재 등록을 신청하였고, 이듬해인 2012년 12월 국가 등록문화재 제521호 '서울 방학동 전형필 가옥'으로 등재되었다. 이후 복원 공사를 거쳐 2015년 9월 11일 개관하여 일반인들에게 개방한 이래 도봉구의 역사문화 명소로 자리 잡게 되었다.

아름다운 새소리에 사철 갈마드는 꽃들로 단장한 뜰을 지나 100여 년 역사의 고풍스런 간송 옛집에 들어서면 옥정연재玉井硏齋(우물에서 퍼올린 구슬 같은 맑은 물로 먹을 갈아서 글씨를 쓰는 집)라는 편액을 단 누마루가 눈길을 사로잡는다. 세 면을 개방하여 외부의 수려한 풍광을 집안으로 끌어들이면서 조망과 휴식을 위해 지은 한옥의 멋스러운 풍류 공간이다.

간송 전형필 고택

간송께서 술잔에 담긴 달빛을 완상하며 시 한 수 읊으셨을 법한 이 공간을 장식한 편액과 주련에는 특별한 의미가 담겨 있다.

옥정연재는 1922년 종로4가 본가에 생부 전영기가 책을 좋아하는 간송의 서재를 만들어주자 외숙부 박대혁이 지어준 서재의 이름이다. 훗날 평생의 스승 위창 오세창(1864~1953)이 지어준 '간송'澗松과 함께 아호로 사용하기도 하였는데, 편액으로 건 글씨는 위창이 1935년에 전서체로 써준 것으로 간송미술관에 소장되어 있으며, 간송과 위창의 사승 관계를 상징하는 의미로 서각하여 현액하였다.

누마루의 주련으로, 예서 대련 '대팽두부과강채大烹豆腐瓜薑菜(좋은 반찬은 두부, 오이, 생강나물), 고회부처아녀손高會夫妻兒女孫(훌륭한 모임은 부부와 아들 딸 손자)'은 추사 김정희(1786~1856)의 1856년 8월의 절필작이다. 평범한 일상생활이 가장 이상적인 최고의 경지임을 피력한 추사체의 진면목이 함축된 대표작으로 보물 제1978호이며 진본은 간송미술관에 소장되어 있다. 추사로부터 우선 이상적(1804~1865), 역매 오경석(1831~1879)과 그 아들 오세창을 거쳐 간송으로 면면히 이어진 학연으로 인한 수준 높은 콜렉션의 일면을 보여주고자 달게 되었다.

서슬 퍼런 일제강점기에 민족혼을 지키기 위해 목숨을 걸고 소장한 《훈민정음 해례본》 등의 일화로 점철된 간송의 문화독립운동, 사람들이 수없이 오갔을 방학동 산자락에 있건만 표식이 없어 일반인들이 알아보지 못했던 간송의 묘소, 오래된 우물은 물길이 막히고 퇴락한 간송의 유적 앞에 떨리는 마음으로 발길을 멈춘 나, 이후 주민들의 손길과 발길로 거듭나는 간송 옛집. 돌아보면 가슴 벅찬 인연이 아닐 수 없다. 현재 간송 옛집은 그 자체로만으로도 보물 같은 존재이지만 봄가을로 열리는 간송음악회, '간송夜行' 등 다양한 프로그램이 운영되는 문화학교로서의 구실을 톡톡히 하고 있다.

김수영 문학관과 거대한 뿌리

김수영 시인은 누구나 인정하는 대한민국의 대표적인 현대시인이다. 도봉구와 시인의 인연은 도봉산 초입에 시인의 시묘가 세워져 있고, 시인의 본가가 도봉구에 있었다는 것, 또 시인의 모친께서 도봉동에서 양계장을 운영했었다는 것, 그리고 시인의 동생 분들이 지금도 도봉구에 거주하고 있다는 것 등이다.

나는 이런 인연을 근거로 김수영 시인의 문학관을 도봉구에 건립하고 싶었다. 하지만 재정 형편이 시인의 위상에 걸맞은 번듯한 문학관을 짓기에는 역부족이었다. 여러 가지 궁리 끝에 예전에 동주민센터로 사용하다 교양강좌 프로그램을 운영하는 문화센터를 문학관으로 개조하면 어떨까 하는 생각이 들었다. 하지만 시인의 위상에 비추어 턱없이 부족하다는 생각이 들어 유족이 동의해주지 않을 것 같았다. 그래도 만나봐야지 하는 마음으로 마침 그 마을에 거주하던 김수영 시인의 여동생인 김수명 선생을 무작정 찾아갔다.

김수명 선생은 현대문학사 편집장을 지낼 만큼 우리 문학계에서 적극적인 활동을 했던 여성이다.

김수명 선생이 살고 있는 동네에는 마을의 상징과도 같은 600년이 된 은행나무가 있었다. 어떻게 이야기를 꺼낼까 망설이다가 내가 입을 뗐다. "저는 방학동 은행나무를 볼 때마다 김수영 시인의 거대한 뿌리라는 시가 생각납니다." 이렇게 운을 뗀 나는 김수영 시인의 문학관을 건립하고 싶다, 위치는 예전 동주민센터 자리다, 시인의 위상에 비하면 규모가 너무 초라할 것 같다, 하지만 꼭 해보고 싶다는 이야기를 이어갔다.

내 말을 들은 김수명 선생은 잠시 생각하다가 "김수영 시인이 살아계셨다면 크고 겉만 화려한 문학관은 싫어했을 것 같다. 작지만 알찬 문학관으로 만들어주면 고맙겠다."라는 말로 허락해주었다. 야단만 맞는 것 아닌가 하는 노파심이 컸기 때문에 만난 자리에서 바로 답을 해줄 것은 기대도 하지 않았었는데 감사할 따름이었다.

그렇게 시작된 김수영문학관은 시인의 시 179편 중 육필원고 88편과 산문 212편 중 육필원고 29편을 전시하고 있으며, 시인의 작품 초고와 번역 원고와 더불어 탄탄한 콘텐츠를 갖추고 있는 서울시 최초의 시 문학관이다.

2013년 개관한 이래 각종 학술대회를 비롯한 다양한 프로그램이 운영되고 있고, 경향신문과 도봉구가 공동으로 김수영 청소년 문학상을 제정하여 대한민국의 미래 문학인을 양성하는 데도 일조하고 있다.

김수영(1921~1968) 시인은 〈풀〉이라는 시로 많은 이들에게 알려져 있다.

풀이 눕는다
비를 몰아오는 동풍에 나부껴
풀은 눕고
드디어 울었다
날이 흐려서 더 울다가
다시 누웠다

풀이 눕는다
바람보다도 더 빨리 눕는다
바람보다도 더 빨리 울고
바람보다 먼저 일어난다

날이 흐리고 풀이 눕는다

김수영문학관 내부 모습과 시인의 육필원고

발목까지

발밑까지 눕는다

바람보다도 늦게 누워도

바람보다 먼저 일어나고

바람보다 늦게 울어도

바람보다 먼저 웃는다

날이 흐리고 풀뿌리가 눕는다

김수영의 시와 문학적 표현들은 해방 이후 한국 현대시의 흐름에 가장 큰 영향을 미쳤다. 특히 그가 추구한 '자유' 정신은 문학을 넘어 삶 전체를 관통하는 주제이자 기준으로 남았다. 우리에게 잘 알려진 '풀'은 1968년 6월, 불의의 교통사고로 시인이 타계하기 직전에 쓴 마지막 작품이었다. 김수영의 시는 간결하면서 굵직한 힘이 그 안에 들어 있음을 발견하게 된다.

자유를 위해서

비상하여 본 일이 있는

사람이면 알지

어째서 자유에는

피의 냄새가 섞여 있는가를

혁명은

왜 고독한 것인가를

- <푸른 하늘을>(1960) 중에서

함석헌 기념관

함석헌 기념관은 우리나라 근현대사를 관통한 사상가, 인권운동가, 독립운동가로 활동하셨던 함석헌 선생이 마지막 여생을 보낸 도봉구 쌍문동 자택을 보존하고 리모델링한 역사문화공간이다.

내가 함석헌(1901~1989) 선생을 알게 된 것은 〈씨알의 소리〉라는 잡지를 통해서였다. 함석헌 선생은 1970년 〈씨알의 소리〉 창간호에서 "신문이 씨알에게 씨알이 마땅히 알아야 할 것을 가리고 보여주지 않을 뿐 아니라, 씨알이 하고 싶어 못 견디는 말을 입을 막고 못하게 한다."고 일갈한 것으로 유명하였다. 당시 〈씨알의 소리〉는 그 지질이 조악해 보였음에도 내용이 훌륭하여 많은 청년 학생들이 애독하였고, 선배가 후배에게 물려주는 잡지였다.

> 씨알은 더 내려갈 데가 없는 바닥입니다. 그러므로 나는 내 자리를 잃어서는 아니 됩니다. 누구와 싸우는 것이 아닙니다. 내 싸움을 싸우는 것입니다. 누구를 만나잔 것 아닙니다. 나 자신, 내 알갱이를 찾자는 것입니다.
> 나는 하나의 우는 씨알입니다. 나를 잘 울어 내보는 것이 내 일입니다. 그래서 말할 데는 역시 씨알밖에는 없다는 것입니다.
>
> _ <씨알에게 보내는 편지> 중에서

함석헌 선생이 도봉구에 거주하게 된 것은 선생의 차남인 함우용 씨 부부가 쌍문동 81-78 주택에 연로해진 부친을 모시면서부터이다.

함석헌 기념관

1982년부터 타계하신 1989년까지의 일이다. 선생의 타계 이후에도 함우용 씨는 선생님의 방과 거실에서 방문객을 흔쾌히 맞이하였고, 선생을 기리고자 하는 많은 분들과 주민의 방문도 잦았다. 나는 상징성이 있는 그 자택을 선생의 뜻을 기릴 수 있는 기념공간으로 만들고 싶다는 뜻을 유족들에게 전했고, 2013년 2월 도봉구와 유족대표, 기념사업회 대표가 모여 기념관 건립을 위한 협약을 체결했다. 또한 주민들의 적극적인 참여로 서울시 '주민참여 예산사업'에 선정됨으로써 총 예산 20억 원 중 15억 원을 서울시로부터 확보하여 2015년 9월 개관하게 되었다.

선생께서 화초를 가꾸셨던 온실도 깔끔하게 복원하였고, 생전 사용하시던 가재도구와 방의 모습도 그대로 보존하고 있다. 기념관 대문 안으로 들어서는 순간 위대한 사상가이자 민주화운동의 스승이었던 함석헌의 향기가 고스란히 느껴진다. 생전 선생의 손길이 닿았던 앞마당의 보리수와 화단의 소박한 꽃들은 지나가는 사람들의 시선을 끌며 발길을 잡는다.

함석헌 기념관은 선생의 다양한 활동을 알 수 있는 전시실과 영상실, 유리온실, 주민 커뮤니티 공간, 씨알갤러리로 작지만 알차게 구성되어 있다. 생전 선생이 손수 화초를 가꾸며 마음 수양하시던 온실에서는 함석헌 사상 강좌 및 시월의 문학, 가드닝 교양 프로그램이 진행되고 있어 기념관을 찾는 주민들과 관람객들에게 사랑받는 공간이다.

관내 학교에서는 함석헌 기념관을 평화와 인권 관련 탐방코스로 연계하여 방문하고 있다. 주차장을 개조해 만든 '씨알갤러리'는 예술인들에게 무료로 전시, 참여 기회를 제공하고, 지역주민과 관람객들에게는 다양한 전시 작품 관람으로 예술 작품을 향유할 수 있는 좋은 기회가 된다.

함석헌 선생은 2002년 김대중 정부에서 국가유공자로 추대하여 지금은 대전 현충원에 안장되어 계신다. 여러 어려움 속에서 건립된 함석헌 기념관이 이제는 단순히 선생을 기리는 공간을 넘어서서, 씨알인 우리가 역사의 주체로 살아가길 바라는 씨알 정신이 스며있는 역사문화공간으로 확장되고 있으니 뿌듯하다

만리길 나서는 길
처자를 내 맡기며
맘 놓고 갈 만한 사람
그 사람을 그대는 가졌는가.

온 세상이 다 나를 버려
마음이 외로울 때에도
'저 마음이야' 하고 믿어지는
그 사람을 그대는 가졌는가.

탔던 배 꺼지는 시간
구명대 서로 사양하며
'너만은 제발 살아다오' 할
그 사람을 그대는 가졌는가.

불의의 사형장에서
'다 죽여도 너희 세상 빛을 위해

저만은 살려 두거라' 일러줄
그 사람을 그대는 가졌는가.

잊지 못할 이 세상을 놓고 떠나려 할 때
'저 하나 있으니' 하며
빙긋이 웃고 눈을 감을
그 사람을 그대는 가졌는가.

온 세상의 찬성보다도
'아니' 하고 가만히 머리 흔들 그 한 얼굴 생각에
알뜰한 유혹을 물리치게 되는
그 사람을 그대는 가졌는가.

_〈그 사람을 가졌는가〉, 함석헌

도봉구에서 사라진 역사적 자원

나는 역사적으로 의미 있는 공간을 발굴하기 위해 노력했지만 이미 사라져버린 공간들도 여럿 있다. 대표적으로 문동환 박사와 계훈제 선생의 집터이다. 두 분의 집터는 전임 청장 시절에 멸실되어 주차장으로 바뀌어 있었다.

문동환 박사의 집은 '새벽의 집'이라 하여 개인주의와 물질만능주의를 극복하고 이웃과 함께 대안적인 삶을 살고자 했던 공동체이자 우리나라 최초의 공동육아를 실천한 역사의 현장이었다. 그러나 그곳은 지금 2층짜리 공영주차장이 만들어져 '새벽의 집'의 역사적 의미도 사라져버렸다.

계훈제 선생의 집터 또한 주차장으로 변하고 말았다. 내가 아쉬움을 넘어 화가 나는 이유는 일제강점기에 독립운동을 하셨고, 대한민국의 대표적인 민주화 운동가이셨던 분들의 집터를 아무 생각 없이 주차장으로 만들어버린 몰상식한 행정이었다.

계훈제 선생의 집터가 마을극장 '흰고무신'으로

도봉구 시루봉로15마길 13(방학2동)은 한평생 민주화운동에 헌신했던 재야 민주화운동의 정신적 지주인 계훈제(1921~1999) 선생의 옛 집터가 자리했던 곳이다. 계훈제 선생은 1990년부터 세상을 떠나시던 1999년까지 방학동에 거주했다. 선생은 서울대 문리대 학생회장 시절 백범 김구 선생과 남북협상에 참여했으며 1960년대부터 반독재투쟁의 전면에 나섰던 대표적인 민주화운동가이셨다.

방학2동 공용주차장은 선생의 집터를 포함하여 만들어진 평면주차장이다. 상당히 넓은 부지에 조성된 주차장이라서 폐쇄하거나 이전하는 것은 많은 예산과 민원이 예상되어 기념관을 만들기가 현실적으로 어려운 일이었다. 고민 끝에 주차장의 상부를 씌워 작은 문화공간을 만들기로 했다.

우선 이 공간의 이름을 계훈제 선생께서 평생 흰 고무신을 신고 다

故계훈제 선생 집터에 자리잡은 마을극장 흰고무신

니신 것에 착안해서 '마을극장 흰고무신'이라고 했다. 그리고 마을극장 한편에 선생과 관련한 기록들을 전시함으로써 청소년을 포함한 주민들이 선생의 삶을 이해할 수 있도록 했다.

'마을극장 흰고무신'에서는 매년 수안 계훈제 예술제(수안 : 계훈제 선생의 아호)를 개최하여 마을 주민들이 직접 만들고 주인공이 되는 연극, 음악회, 전시회 등 다양한 문화 활동이 이뤄지고 있다. '마을극장 흰고무신'은 단순한 마을 극장이 아니다. 문화와 예술을 통해 주민들이 소통하는 공간이자, 역사적 인물이 살아 숨 쉬는 감동적인 공간이 되었다. 족보는 한 가문의 자취를 담은 책이라고 한다. 이와 비슷하게 도봉구의 역사적 인물을 찾아가는 일은 지역의 역사와 정체성을 잊지 않는 작업이다.

창동 3사자와 벽초 홍명희

도봉구는 행정구역상 서울에 편입된 1963년 이전에는 경기도 양주군에 속하였다. 지리적으로는 서울의 동북부에 위치해 경기 북부와 접해 있다. 교통수단으로는 1911년 경원선 구간 중 용산-창동-의정부역이 개통되었고, 1914년 원산까지 개통되어 도봉구 창동지역은 일찍부터 교통의 요충지가 되었다.

서울의 외곽에 있으면서도 도심으로 접근하기가 용이했던 지리적 요건은 일제 말기 탄압이 극심했던 시기에 독립운동가 중 지도급 인사들이 일제의 감시망과 부일(친일 어용문학) 강요를 벗어날 수 있는 한편, 중앙의 동향을 파악하기 쉬운 창동으로 거주지를 옮겨오게 했다. 그중 대표적인 인사로는 가인 김병로, 위당 정인보, 고하 송진우, 벽초 홍명희 등을 들 수 있다.

도봉구 창동은 당시 민족지도자들이 자신의 양심과 명예를 지키기 위해 선택한 땅이었고, 창동은 그들에게 마지막까지 지조를 지킬 수 있는 버팀목이 되어 주었다. 그래서 지금도 그 당시를 기억하시는 어르신들은 가인, 위당, 고하 세 분을 창동의 세 마리 사자로 부르면서 존경의 마음을 표한다.

2011년 창동역 100주년을 기념하기 위해 창동역 주변에 거주하였던 이 분들의 주거지를 확인하기 위한 작업을 '도봉문화원'을 중심으로 진행하였다. 복원할 수 있는 조건이면 다행이지만, 만약 여건이 허락하지 않는다면 최소한의 기록이라도 남기고자 하였다. 조사 결과 모든 곳이 빌라이거나 상가로 바뀌어 있음을 확인했다. 아쉬웠지만 현 거주 주

창동역사문화공원에 세워진 창동 3사자 동상

민들의 동의를 받아 건물에 '집터'였음을 알리는 작은 표지판을 부착하는 것으로 일단락하였다.

공간은 사라졌으나 그분들의 위대한 정신은 존속해야 했다. 도봉구민회관 옆에는 작은 공원이 있다. 이곳을 '창동삼사자역사공원'으로 바꾸고 마침내 2017년 8월 15일 제막식을 거행하였다.

"역사를 잊은 민족에게 미래는 없다"고 한 단재 신채호 선생의 말처럼 역사를 기억하는 것은 그만큼 중요하다. 도봉구가 발굴하고 새롭게 만든 공간과 역사의 흔적들이 자라나는 청소년과 주민들에게 지역에 대한 자부심과 바른 역사의식을 갖게 하는 데 기여할 수 있기를 바라는 마음이다.

3

평화와 창조의 공간 '평화문화진지'

도봉구의 끝자락이자 서울의 경계지역, 의정부를 넘어 양주와 포천으로 이어지는 길목인 도봉동에 과거 군사시설로 쓰였던 대전차방호시설이 있다.

1969년 김신조 침투사건이 일어나고 남북 간의 긴장이 고조되던 시기에 북한군 탱크 남침을 막을 용도로 만들어진 동서로 이어지는 270m나 되는 콘크리트 구조물이다. 1층은 대전차방호시설로 북한군의 탱크를 방어할 수 있는 방어벽의 구실과 함께 전차가 들어갈 수 있는 구조로 되어 있다. 지상 2층부터 4층까지는 180여 가구의 아파트로 만들어 군인들이 거주하였다.

세월이 흘러 노후화된 시민아파트는 철거되었으나, 1층 방호시설은 십수 년 넘게 특별한 관리도 하지 않은 채 방치되어 있었고, 도봉구에서 하수폐기물 같은 것들을 임시로 야적하는 곳으로 사용하면서 일대

시민아파트가 철거된 후 폐허로 남은 대전차방호시설

는 흉물스러운 곳이 되어버렸다.

각종 쓰레기가 넘쳐나 주민들은 접근을 꺼리는 공간이었고 청소년들의 우범지대이기도 했다.

폐허에서 꿈을 꾸다

처음에는 철거도 생각했지만 군사시설인 관계로 마음대로 철거할 수도 없었다. 철거가 불가능하다면 완전히 새로운 공간으로 탈바꿈시켜 보자는 생각을 갖게 되었다.

2013년 박원순 서울시장이 도봉구를 방문했다. 현장시장실로 도봉구의 현안사항을 청취하고 해결방안을 같이 모색하는 자리였다. 일부러

박 시장을 대전차방호시설로 안내하고, 현장을 보여주며 대결과 분단의 상징인 이곳을 평화와 문화 창조의 공간으로 만들자고 제안했다.

박 시장은 시청 간부들에게 검토를 지시했고, 우리는 기쁜 마음으로 결과를 기다리고 있었다. 그러나 서울시에서는 불가하다는 문서를 보내는 것으로 마무리하려 하였다. 건물의 안전도가 E등급으로 바로 철거를 해야 하는 위험건축물이라는 것이었고, 그린벨트에 있는 군사시설이기에 철거 후 신축은 불가하다는 논리였다. 실망스러운 일이었다.

2014년 재선에 성공한 후 축하의 자리이자 향후 구정에 잘 협력해 달라는 취지로 도봉구 시민사회단체 대표들과 산행을 하였다. 산행을 마치고 점심식사를 하면서 대전차방호시설에 대해 물었다. 오랫동안 도봉구에서 시민운동을 하신 분들이기에 시설의 존재를 알 것 같아서 편한 마음으로 고민을 털어놓게 되었다. 현장을 가보자는 제안에 직접 안내하고 설명을 하였다. 시민단체 대표들은 그 자리에서 '대전차방호시설 공간재생 시민추진단'을 결성하겠다는 약속을 하였다.

시민추진단은 실무자를 선정하고 본격적으로 활동을 시작하였다. 지금도 감탄하는 것은 그 방법에 있었다. 시민추진단은 도봉구 주민만이 아닌 전국의 문화예술인들을 초대했고, 지역주민들을 포함하여 무려 53회의 현장설명회를 개최하였다. 대전차방호시설이 갖고 있는 독특한 건축형태와 그 역사성은 현장을 방문한 사람들에게 색다른 호기심을 불러일으켰다. 대전차방호시설을 문화공간으로 재생해야 한다는 의견이 힘을 얻어가고 있었다. 공간이 가지고 있는 매력을 아는 순간부터 그 힘은 점점 더 커져 갔다. 다양한 아이디어가 모이고, 의견을 내놓기 시작하니 막연했던 일들이 조금씩 구체화되었다. 문화예술인, 문화기획자, 건축가까지 한마음으로 참여했다. 마침내 2014년 희망 서울 정책박람회 시민아이디어 공모에 제출하였고, 선정되었다.

'무엇을 해 달라'가 아닌 '무엇을 하고 싶다'

무엇이 달랐을까? 박원순 시장이 행정보다는 시민단체에 더 우호적이었기에 그랬을까? 그렇지는 않다고 생각한다. 나 또한 일을 하면서 공무원들의 의견을 무시하지 않았기에, 최소한 공무원들이 설득되지 않는다면 무조건 강행할 수 없었고 박 시장도 같은 입장이었을 것이다. 그럼에도 그 방법의 차이에서 느껴진 것이 있다. '무엇을 해 달라'가 아닌 '무엇을 하고 싶다'였다.

공직사회에서 '무엇을 해 달라'는 민원에 가깝다. 서울시 공무원에게는 도봉구의 제안이 '해 달라'로 느껴졌을 것이고, 그린벨트 문제와 군사시설 문제 등 해결해야 할 일이 만만치 않게 느껴졌을 것이다. 반면에 시민추진단은 서울시의 정책사업 중 하나인 '서울시 문화예술창작소' 지원사업과 연계하여 '도봉구의 문화예술 공간 재생을 통한 마을공동체 활성화'로 접근하였다. 구와 협력하여 문제는 해결하겠으니 재정적 지원을 요청하는 방법이었다.

시민추진단이 서울시를 설득하고 공략하는 시간에 도봉구에서는 국방부를 설득하기 시작하였다. 국방부는 작전시설은 사단장의 권한이라며 책임을 미뤘고, 사단에서 나온 작전참모는 이러한 시설이 있는지조차 모르고 있었다. 그럼에도 유사시를 대비해서 군사시설은 유지되어야 한다고 주장하는 답답한 모습을 보였다.

위문품을 들고 사단을 방문하는 등 온갖 노력을 기울였다. 잘 이야기가 진행되다가도 사단장이 바뀌면 원위치가 되고, 또 한 번은 사단이 없어지면서 다른 사단으로 바뀌어 원위치되는 황당한 상황이 이어졌다. 그때마다 원점에서 새로 시작해야 했다.

마침내 국방부가 VIP에게 보고한 2015 국방개혁안에 '도봉구 대전차방호시설, 노원구 대공포진지와 같은 유휴작전시설에 대한 지자체 공동 활용지침'이라는 내용이 포함되었다.

2016년 서울시, 도봉구청, 육군 제60보병사단은 업무협약을 맺으며 길고 힘들었던 그간의 일들이 모두 마무리되었다. 국방부와 협의하는 데만 꼬박 3년이 걸렸다.

분단과 대결의 상징을 평화와 창조의 공간으로

공간재생의 핵심은 대전차방호시설의 흔적을 그대로 보존한 채 문화예술의 공간으로 재탄생시키는 것이었다. 옹벽과 기둥 등은 그대로 두면서 용도와 쓰임을 완전히 다르게 변모시켰다.

시민들의 의견을 반영하여 예술가 혹은 시민들을 위한 공방과 전시 공간 등으로 만들었다. 공연장, 카페, 전시실, 스튜디오, 커뮤니티 공간 등이 어우러져 살아 움직이는 창조적인 공간이 되었다.

보이지 않는 무언가를 볼 수 있는 힘은 바로 예술이다. 무에서 유를 만들어내고, 기존의 것들을 융합하여 새로운 것을 창조해내는 것은

분단의 상징에서 평화의 상징으로 거듭난 평화문화진지

지금 시대의 중요한 가치다. 분단의 아픔과 전쟁의 상처를 지닌 곳을 문화와 예술이 팔딱팔딱 살아 움직이는 공간으로 탈바꿈시키니 놀라운 일들이 벌어졌다.

평화문화진지에 지난 5년 동안 40명의 예술작가들이 입주해 창작 공간으로 활용하였으며, 오픈 스튜디오와 연계 프로그램을 통해 작가와 시민들이 만나는 자리를 꾸준히 만들어가고 있다. 코로나19로 외출이 힘든 상황에도 찾아오는 사람들이 일평균 448명(2021년 기준)에 이를 만큼 평화문화진지는 도봉구의 상징적인 공간이 되었다.

평화문화진지의 상징 베를린장벽

도봉구의 대표적인 흉물이자 군사시설이었던 대전차방호진지를 전쟁과 대결이 아닌 평화와 문화 창조의 공간으로 만들어보겠다는 생각으로 3년에 걸친 노력 끝에 평화문화진지가 탄생하게 되었다. 그 과정에서 나는 문득 평화문화진지에 베를린장벽을 옮겨놓으면 어떨까 하는 생각이 들었다. 실현 가능성 여부를 떠나 평화문화진지의 장소성이 더욱 부각될 수 있을 것 같았고, 베를린 장벽은 동·서독의 분단을 상징하기도 하지만 장벽이 무너짐으로써 독일이 하나가 되어 만나는 통일의 상징이기도 하기 때문이다.

나는 그날부터 독일에 있는 베를린장벽을 어떻게 옮겨올까 고민하기 시작했다. 평소 친분이 있었던 유럽 대사 출신의 지인, 고교동창이자 당시 현직 유럽 지역의 대사였던 친구 등을 통해 조언과 협조를 구했다. 얼마 안 있어 베를린으로부터 우리의 의도가 매우 훌륭하다며 장벽 3쪽을 무상 기증하겠다는 연락이 왔다. 쉽지 않은 도전이었지만 놀라운

평화문화진지로 옮겨온 베를린장벽

일이 벌어진 것이다.

베를린 장벽은 우리에게 넘어야 할 벽이 있음을 보여주기 위한 상징물이다. 그 벽을 넘을 때 벽으로 인해 보지 못하는 새로운 세상을 볼 수 있고, 마주하지 못하는 사람들이 마주보고 손잡을 수 있음을 보여주는 상징물이다.

나는 평화문화진지에 베를린 장벽을 세우면서 장벽 바로 옆 작은 표지판에 아래와 같은 나의 바람을 적어놓았다.

> "독일 베를린 시로부터 기증받은 3점의 장벽을 평화를 염원하는 마음을 담아 이곳 도봉구에 세운다. 우리들 사이에는 너무 많은 장벽들이 존재

한다. 남과 북, 동과 서, 좌와 우, 그리고 빈과 부 사이에 높고 두터운 장벽이 가로 놓여 있다. 장벽이 사라진다는 것은 그로 인해 갈라졌던 것들이 더 크게 하나 됨을 의미한다. 부디 우리를 갈라놓고 있는 수많은 장벽들이 낮고 낮아져서 갈라진 이들이 서로를 마주 보고 손잡을 날이 속히 오기를 소망한다."

이 기회에 베를린장벽을 평화문화진지에 세울 수 있도록 협조해주신 유니세프한국위원회 사무총장을 역임하신 서대원 전 대사님께 특별히 감사의 뜻을 전하고 싶다.

평화문화진지의 전망대

군사시설인 대전차방호시설을 다른 용도로 바꾼다는 것은 생각만큼 쉬운 일이 아니었다. 군 조직은 특성상 유연한 조직이 아니며 경직된 사고를 가질 수밖에 없다. 더구나 군 인사는 1년마다 보직이 바뀌다보니 어느 정도 설득이 되었다 싶으면 인사이동으로 새로운 사람이 오곤 했다. 3년이 걸려 설득에 성공했지만 요구사항이 많았다. 평상시에는 문화시설로 이용하지만 유사시에는 군사시설로 전환한다는 것이 기본적인 전제였다. 또 북측을 경계할 수 있도록 감시탑을 설치해달라는 요구가 있었다.

사실 모든 게 디지털화 된 시대에 감시탑이라니, 선뜻 납득이 안됐지만 요구를 수용할 수밖에 없었고, 결국은 그들의 요구대로 감시탑을

평화문화진지 전망대

새로 설치했다. 다만 그 감시탑을 평상시에는 도봉산을 전망할 수 있는 전망대로 사용할 수 있도록 한다는 조건이었다. 그렇게 해서 만들어진 감시탑은 지금 도봉구에서 도봉산과 수락산을 한꺼번에 볼 수 있는 전망대의 역할을 하고 있다.

평화울림터(피세코파크, Peacecho Park)

2012년, 세계적인 환경도시 브라질의 꾸리찌바를 방문한 적이 있다. 20년 이상 시장으로 재직하면서 꾸리찌바를 세계인이 주목하는 생

평화울림터, 피쎄코파크

태환경도시로 만든 레르네르 전 시장의 강의가 지금도 인상 깊게 남아 있다. 꾸리찌바의 여러 곳을 탐방할 기회가 있었는데, 그중 하나가 폐쇄된 채석장을 야외 공연장으로 만든 곳이었다. 아무런 음향장치 없이 자연의 울림만으로 공연이 가능한 친환경적인 공연장이었다. 부러운 마음에 우리도 이런 공연장이 있으면 좋겠다는 생각만 하고 돌아왔다.

그런데 우리나라에도 이런 야외 공연장이 운영되고 있다는 말을 듣게 되었다. 2020년 어느 날, 원주에서 개인이 운영하는 야외 공연장을 방문하였는데, 특별한 공법으로 설계하여 음향시설 없이도 공연이 가능한 국내 유일의 야외 공연장이었다. 잔디밭을 원형으로 둘러싼 건축물 형태였는데, 6미터 높이의 유리벽이 소리 반사판 역할을 하고 있었다. 음향기기를 통해서 듣는 소리와는 다른 매력적인 자연음 그대로였다.

나는 그날 현장에서 이미 도봉구 어디에 이 매력적인 공연장을 만들 것인가를 머릿속에 그려놓았다. 도봉동 평화문화진지 뒤편, 체육공원으로 조성한 부지 외에 아직 매입하지 않은 채 남아있는 부지였다. 마치 야외공연장을 위해 남겨둔 것처럼 안성맞춤인 장소였다. 바로 추진계획을 세웠고, 부지매입을 비롯한 절차가 일사천리로 진행되었다.

친환경 야외공연장이 들어선 부지는 평화문화진지 바로 뒤편에 위치하고 있어 공연장의 이름도 평화를 노래하는 곳, 그리고 음향기기 없이 공연이 가능한 친환경의 의미를 담아 이름을 지었다. 평화울림터! 평화가 울려 퍼지기를 바라는 마음, 인공적인 앰프가 아닌 울림을 통해 소리가 전달되는 공연장의 의미가 살아있는 듯하다. 자화자찬이지만 영어로는 평화를 뜻하는 Peace와 울림을 뜻하는 Echo를 합성해서 피세코 파크Peacecho Park라고 지었는데, 내가 생각해도 괜찮은 이름이다.

평화울림터 입구의 조형물에 숨겨진 비밀코드

평화울림터로 들어가는 입구에는 특이한 조형물이 설치되어 있다. 이 조형물은 공연장으로 안내하는 듯한 경사로 가운데를 따라 설치된 것으로, 19개의 포신을 절반으로 절개한 모양의 철 구조물을 연결시켜 놓은 형태이며, 그 포신 위로 물이 흐르게 했다.

포신을 절개하여 연결한 것은 총기를 녹여 삽을 만드는 것처럼 더 이상 이 땅에 전쟁이 없기를 바라는 마음을 담았고, 포신이 19개인 것은 대한민국을 돕기 위해 참전한 유엔군 16개국뿐 아니라 남과 북, 그리고 중국을 포함한 모든 전쟁 당사국들을 의미한다. 그리고 연결된 포신 위에 물을 흘려보낸 것은 이들 나라에 평화가 강물처럼 흐르기를 바라는 마음을 담은 것이다.

이런 취지를 담아 평화울림터의 완공을 알리는 첫 공연은 '우크라이나에 평화를'이었다. 앞으로 이 평화울림터가 한반도의 평화를 넘어 세계평화를 노래하는 아름다운 공간으로 쓰이기를 희망한다.

첫 공연이 있던 날, 평화울림터를 찾아주신 관객들께 나는 다음과 같은 메시지를 남겼다.

> "외세 침략과 분단의 아픔을 겪은 우리에게 우크라이나 상황은 더 큰 아픔과 안타까움으로 다가왔습니다. 평화를 기원하는 우리의 염원이 그들에게 위로가 되길 바랍니다. 평화울림터가 품 넓은 그릇이 되어 문화와 예술, 마음을 담아 주민들께 큰 울림으로 다가갈 수 있도록 하겠습니다."

평화의 물길/ 평화가 흐른다

'평화울림터' 진입로 중앙에 설치된 19개의 포신은 6.25전쟁의 당사자인
남과 북은 물론 미국과 중국 등 19개 나라들 모두를 상징하며,
반으로 절개된 포신은 무기가 필요없는 세상이 오기를 바라는 마음과
다시는 한반도에 전쟁이 없기를 바라는 마음을 담았습니다.
또, 포신 위로 흐르는 물은 전쟁으로 희생된 넋들을 위로하고
남과 북 사이에 평화의 물길이 다시 열리기를 바라는 염원을 담았습니다.
'평화의 물길'을 따라 이어지는 이곳 '평화울림터'에서 많은 사람들이
평화를 염원하고 노래하며 춤출 수 있기를 바랍니다.

4

공존의 열쇠 '도봉구민청'

오래전부터 관공서는 시민들이 자유롭게 드나드는 편안한 곳이 아니었다. 워낙 딱딱하고 경직된 곳이라는 이미지가 강했고, 심리적으로도 위압감이 들었다. 과거 도봉구청사도 역시 그러했다. 특별한 일 아니면 시민들이 구청에 갈 일은 없었기에 사람들이 잘 드나들지 않는 폐쇄적인 건물은 그 자체로 차갑고 경직된 인상을 주었다.

샐러드 볼salad bowl 사회와 용광로 사회라는 말이 있다. 샐러드는 다양한 야채가 각기 고유의 맛과 색을 유지하는 음식이다. 다양한 문화와 개성을 존중하는 사회를 말한다. 반면 용광로 사회는 지배적인 문화 안에 여러 다른 문화가 녹아져서 개성을 잃어버린 모습을 뜻한다.

'샐러드와 용광로'는 상반된 문화 현상을 설명하는 개념이다. 다문화 사회에 대한 정당한 논리로 정착된 이 이론은 교류와 연결이 중요한 가치가 된 21세기에 잘 맞는 개념이다. 그렇다면 도봉구청을 어떻게 하면 개성 있는 공간으로 만들 수 있을까, 유기적이고 자연스럽게 생기 있는 곳으로 만들기 위해서는 무엇이 필요할까를 생각했다.

도봉구민청을 만들다

2013년 서울시는 시청 지하공간을 '시민聽'이라는 이름으로 개관을 하였다. 관공서를 그것도 서울시청을 시민들의 공간으로 리모델링하고 시민에 의한, 시민을 위한 공간으로 개방하였다. 들을 청聽자를 쓰면서 시민의 목소리를 듣겠다는 의지를 밝혔다. 시민청을 방문한 사람들은 달라진 시청의 문화를 경험하게 되었다.

도봉구청의 모습도 보다 활기가 넘치는 공간이 되었으면 좋겠다는 생각을 구체화하는 상황에서 시민단체 대표로부터 구청 청사의 한편에 있는 아뜨리움을 '구민청'으로 개방하자는 제안을 받게 되었다. 마침 고민을 하던 차에 받게 된 제안이라 흔쾌히 동의하며 제안을 구체화해주기를 부탁하였다.

도봉구 협치조정관이 주민추진단과 협의하면서, '도봉구 공간 재탄생을 준비하는 주민모임' 일명 '구공탄'이라는 모임이 만들어지고 도봉구 의회의 의원들까지 참여하는 모임체가 시작되었다. 서울시 시민청도 방문하고, 다양한 자료를 모으며, 건축사의 지원까지 받아서 현재의 구민청에 대한 기획서를 작성하여 왔다. 구청장으로서 너무나 흡족한 제안서를 받아보았다.

도봉구청사의 변화, 주민들을 위한 열린 공간으로 만들어야 하는 이유가 충분했다. 도봉구청사 내 비어있던 곳을 활용하여 2018년 새롭게 공간이 만들어졌다. 아무것도 없이 휑하고 썰렁했던 아뜨리움은 구민청이라는 새로운 형태로 디자인되어 완전히 모습이 달라졌다. 협소주택인 땅콩집 건축으로 유명한 이현욱 건축가가 구민청 설계를 재능기부로 맡아주었다. 스노우볼 같은 아뜨리움에 마당이 있는 언덕 위의 집을 모티브로 하였다고 한다. 집 속의 작은 집이 모인 마을의 형태로 구민청에 지어진 14개의 집들은 14개 동으로 구성된 도봉구에서 '구민의 집'이라는 보이지 않는 메시지를 담고 있는 셈이다.

시민들이 언제나 편안하게 찾아와 문화생활도 즐기고, 모임도 할 수 있고, 휴식을 취할 수 있도록 만들었다. 이 모든 운영은 구민청 구민운영단이 맡고 있다. 공간에 대해서 심리적으로 친근감이 생기니 자연스레 방문객이 늘었다.

2019년 한 해 동안 약 11만 5천 명이 이용을 하였다. 방문인원이 95,954명, 대관이용이 5,275건, 이용인원 19,385명에 달했다. 단순히 양적으로 사람들이 많이 오는 것만이 아니다. 그곳에서 자발적인 모임이 활성화되고, 다양한 형태의 주민 참여가 이뤄지고 있다. 도봉구민청은 수많은 사람들이 어우러지는 '샐러드볼' 같은 장이 되었다. 최근 코로나19로 인해 운영이 중단되어 아쉬움이 컸지만 2022년에 다시 열리면서 예전의 활기를 되찾고 있다.

1층 라운지에서부터 유아공간, 공용부엌, 갤러리, 세미나실, 교육실과 창작지원실, 영상실 등은 열린 공간이다. 햇빛이 충분히 들어와서 따스하고 아늑한 느낌을 주는 구민청은 시민들의 만남의 공간이 되기도 한다. 함께 모여 회의를 하고, 교육 프로그램을 진행하기도 하며, 개인

도봉 구민청 전경

학습장소로도 이용한다.

학생들에게는 학교가 끝난 후, 학원을 오갈 때 잠시 약속장소 등으로도 활용된다. 엄마들은 키즈카페 대신 구민청에서 만나기도 한다. 공유공간에서 따로 또 같이 일을 하거나 소규모 모임을 할 수도 있다. 무엇보다도 시민들이 특별히 구애됨이 없이 편안하게 이용할 수 있다는 것이 장점이다.

열린 공간에서는 열린 생각이 가능해진다. 강조하고 싶은 것 중 하나는 구민청 운영주체 역시 주민이라는 것이다. 구민운영단이 구민청을 운영하고, 프로그램을 기획하며 홍보하기도 한다. 구민운영단은 모두들 자원봉사자들이다.

아이들의 춤 연습장이 된 구청 외벽

내 안의 나를 찾아라

도봉구 청사에서 소개하고 싶은 곳이 한 군데 더 있다. 어느 날 청사를 지나가면서 본 광경에 눈길이 멈췄다. 구청을 드나드는 주민들 중 학생들도 많은데, 초등 고학년 아니면 중학생 정도 되어 보이는 아이들이 청사와 구의회 건물 사이의 통로에서 구청 벽을 바라보며 춤을 추고 있는 모습이었다.

유리가 거울처럼 보여서 지나가면서 자신의 모습을 비춰보는 사람들이 많다. 통로이지만 눈이나 비도 피할 수 있는 곳이다. 이곳에서 아이들은 유리창을 보면서 춤을 추었다. 딱딱한 관공서 한가운데서 아이들이 춤 연습을 한다는 게 재미있게 느껴졌다.

그것을 보고 아예 벽면에 제대로 된 거울을 설치해버렸다. 그리고 거울 위에는 "내 안의 나를 찾아라"라는 글귀를 붙여놓았다. 구청에서 춤을 추면서 끼를 발산하는 아이들이 마을에서 꿈을 찾고, 자신의 삶을 키워나갈 수 있기를 바라는 마음이다.

구청 앞 광장의 변신

구민청이 들어서기 전, 나는 도봉구청사 정문 앞의 넓은 대리석 광장을 잔디밭으로 바꾸면 좋겠다는 생각을 가지고 있었다. 휴일 같은 때, 아니면 저녁시간에 가족들과 함께 돗자리를 깔고 자연스럽게 대화를 나누는 공간이 되기를 바랐다. 처음에는 지하에 주차장이 있어서 잔디밭을 조성하기 어렵다는 실무자들의 검토의견을 보고받았다. 당시에는 그렇게 알고 잔디밭을 조성하겠다는 생각을 접었다. 해가 바뀐 시점에 나는 전문가의 의견을 구해 다시 검토해보라는 지시를 했고, 결국은 가능하다는 답을 들었다.

구청 앞의 경직된 모습의 대리석 마당을 잔디밭으로 바꾸고 난 이후 구청 앞 마당은 자연스럽게 주민들의 휴식공간으로 변화되었고, 다양한 행사가 이뤄지는 새로운 공간으로 탈바꿈하게 되었다. 경직된 조직문화는 경직된 공간의 산물은 아니지만 공간을 바꿈으로써 구청 직원들의 경직된 태도를 조금은 달라지게 하는 효과를 가져오지 않았을까 생각해본다.

도봉구청 앞 잔디광장

—

5

초안산 생태공원을 걸으며

요즘 저녁 시간에 집 앞 공원을 산책하는 시간이 늘었다. 코로나19로 인해 외부 저녁모임이 줄어들면서 생긴 변화 중 하나이다. 집 근처에 있는 초안산생태공원도 산책코스 중의 하나이다.

초안산은 도봉구와 노원구에 걸쳐있는 근린공원이다. 지금은 도심 속 허파 역할을 톡톡히 하고 있지만 골프연습장 개발로 몇 차례 홍역을 치른 곳이기도 하다. 90년대 중반 창4동 주공아파트 뒤편에 골프연습장으로 공원계획이 변경되어 공사가 진행되면서 공사업자와 주민들의 충돌이 거셌다. 이미 오래 전 법적 절차가 완료된 마당에 골프연습장 사업을 취소하는 것이 어려웠다. 당시 서울시 의원이었던 나는 서울시의 예산을 확보하여 부지를 매입함으로써 결국 초안산 골프연습장 공사를 막았다.

주민에 의한, 주민을 위한 주민의 공원

내가 구청장이 되기 전 초안산의 또 다른 곳에 골프연습장 건설 공사가 시작되었다. 이번에는 주공3단지 앞 공원이었다. 원래 숲이 우거져 있던 이곳에 골프연습장 공사가 시작되면서 나무가 잘려나가고 숲은 파괴되었다.

주민들의 결사적인 반대로 공사가 중단되고, 결국 서울시가 부지를 매입하여 공원화하기에 이르렀다. 내가 구청장에 취임한 직후부터 공원 조성 공사가 시작되어 2012년 완공되었다. 공원이 만들어진 후 초안산 생태보존을 위해 골프연습장이 들어서는 것을 반대해온 주민들은 기쁨의 박수를 쳤다.

공원이 완공된 후에도 주민들은 함께 봉사단을 결성하여 공원관리를 담당하고 있다. 해등나누미 봉사단 50여 명이 모여 매일 아침, 저녁 교대로 공원 청소와 순찰 활동을 벌이면서 공원을 아끼며 지키고 가꾼다. 주인의식으로 참여하는 시민들 덕분에 깨끗하고 쾌적한 공원문화가 조성되어 있다.

이후 초안산 공원은 계속 새로운 시설들이 만들어지는 중이다. 반딧불이 서식지, 생태연못, 텃밭, 목재문화체험장, 유리온실, 정원, 카페, 모험놀이터, 붕붕도서관 등은 모두 시민들이 누리는 곳이다. 초안산도봉둘레길도 조성하여 창3동주민센터에서 창원초오거리까지 4.2km 숲길을 만들었다. 반려견 놀이터도 인기가 높다. 작년 말 개장한 '하늘꽃 정원'은 봄, 여름, 가을 3계절에 걸쳐 서로 다른 꽃을 감상할 수 있는 야생화 공원으로, 도봉구의 새로운 명소가 될 것으로 기대한다.

초안산 생태공원

공원 내 화장실 설치에 얽힌 이야기

초안산 생태공원은 주민들이 지켜낸 공원이라는 점에서 조성과정에 최대한 주민의 의견을 반영하고자 노력했다. 전문가와 구청 공원녹지과 직원이 주민대표들과 가진 회의가 20차례가 넘는 것으로 기억한다. 이 과정에서 주민들이 처음에는 공원 내 화장실 설치를 반대했다. 화장실을 설치하면 냄새가 날 뿐 아니라 주변 아파트에서 볼 때 흉물스러울

거라는 이유에서였다. 공원의 규모로 볼 때 화장실이 필수 시설이었지만 일단 주민들의 의견을 수용하기로 했다.

공원이 완공되고 주민들의 이용이 늘면서 불편을 느낀 주민들이 화장실을 설치해달라는 민원을 제기하였다. 결국 주민대표들과의 협의 끝에 냄새도 없고 외관도 괜찮은 음악이 흐르는 화장실을 설치하였다. 초안산 생태공원의 화장실 설치과정은 공원을 지켜낸 주민의 의견을 최대한 존중하는 과정에서 발생한 에피소드라 할 수 있다.

이렇듯 주민의 의견을 최대한 반영한 결과 초안산 생태공원은 대한민국 조경대상을 받을 만큼 훌륭한 공원으로 재탄생하였고, 지금까지 주민들이 주인의식을 갖고 스스로 청소하고 관리하는 깨끗한 공원으로 유지되고 있다.

공원 내 암석원의 의미

공원 입구를 조금 지나면 오른편에 작은 연못이 있고 그 옆에 암석원이 조성되어 있다. 이 바위는 원래 골프연습장을 조성하면서 드러난 바위로, 공원 조성과정에서 들어내지 않고 그대로 유지하기로 했다. 주민의 반대에도 불구하고 골프연습장을 허가하여 숲을 파괴한 잘못된 과거의 행정을 반성하고, 맨살을 드러낸 바위를 보면서 그날의 상처를 기억하자는 의미에서, 그리고 다시는 잘못된 행정을 반복해서는 안 된다는 의미를 담아 드러난 바위를 그 모습 그대로 암석원을 조성했다. 그런 의미에서 초안산 생태공원의 암석원은 공원의 아픈 역사인 것이다.

초안산 생태공원 내 암석원

산으로 간 배

2019년 어느 날로 기억된다. 쌍문1동 주민으로부터 한강 유람선 한 척이 폐선되는데, 그냥 폐선하기 아깝다면서 혹시 쓸 데가 없겠느냐는 말을 들었다. 아마 그 주민은 우리 구가 폐차되는 버스를 활용하여 버스도서관을 만든 사례를 들었던 모양이다. 나는 그 얘기를 듣자마자 흥분을 감추지 못했다. 마침 그 즈음에 미세먼지가 사회적 이슈였고, 아이들의 실외활동이 매우 위축되었던 시기여서, 우리 구는 아이들이 미세먼지 걱정 없이 놀 수 있는 실내놀이터를 고민하던 차였다. 유람선을 이용한 실내놀이터를 만들기로 하고 바로 착수에 들어갔다.

폐유람선을 재활용한 어린이 실내놀이터 뚜뚜

어디에 설치할까 고민하다가 '산으로 간 배'가 떠올랐다. '사공이 많으면 배가 산으로 간다'는 속담이 있지만 배가 강이나 바다에 있는 것은 너무나 당연한 것이고, 실제로 배가 산에 놓여있다면 그것 자체만으로도 볼거리와 흥밋거리가 될 것이라는 생각에서였다.

하지만 실행에 옮기는 것은 만만치 않았다. 배의 크기 때문에 한강에서 도봉구까지 운반하는 것 자체가 쉽지 않았다. 결국 선체를 세 등분하여 운반해야 했다. 또 배를 왜 산(공원)에 갖다 놓느냐는 구의회의 문제제기도 있었다. 이런 우여곡절 끝에 초안산 생태공원 입구에 유람선을 옮기고 내부 작업을 거쳐 유람선 실내놀이터를 만들었다. 하지만 곧바로 코로나19가 발생하면서 2년 넘게 사용하지 못하다 최근에야 문을 열게 되었는데, 예약이 어려울 정도로 인기 있는 실내 놀이터가 되었다. 이 유람선 실내놀이터의 이름 '뚜뚜'는 내가 직접 작명한 것으로, 유람선의 뱃고동소리 '뚜~뚜~'를 떠올리게 한다. 산으로 간 배! 때로는 발상의 전환이 필요하다.

6

방학천 문화예술거리가 탄생하기까지

1990년대 초반만 해도 방학천은 악취가 진동하는 하천이었다. 하천변 주위로는 도금공장과 염색공장이 난립하여 각종 하수를 방학천에 무단 방류했고, 그 결과 하천은 악취가 진동했다. 1990년대 초반 환경단속을 강화하면서 방학천변 공장들은 자취를 감추었고 공장이 나간 자리에는 무허가 주택이 자리 잡게 되었다.

1998년 8월 8일 대홍수가 발생하였다. 무허가 주택들은 침수피해를 겪었고 임대주택으로 또는 보상을 받고 이주함으로써 현재의 발바닥공원이 조성될 수 있었다.

그 후 서울시가 방학천처럼 이미 건천이 된 서울시내의 하천들을 물이 흐르도록 하여 생태를 복원하고자 하는 사업을 추진하게 되었고, 방학천도 생태하천으로 복원하고자 하는 노력이 이어졌다. 그 첫 번째로 하천의 유지용수를 공급하기 위해 중랑천 물 재생센터에서부터 방학천 상류(현재 방학3동주민센터)까지 관로를 연결하여 정수된 물을 공급하였다.

두 번째로 생태하천 복원을 위한 용역과 조성 등 다양한 변화를 추구하였고, 한편으로는 주민들이 하천을 이용할 수 있도록 산책로와 자전거도로도 건설하였다. 2014년부터는 등축제를 개최하고 문화공간으로 변화를 주었다. 그 결과 많은 사람들이 방학천을 산책하고 축제를 즐기는 명소가 되었다. 그럼에도 방학천 주변은 우리가 숨길 수 없는 문제를 안고 있었다. '방학천 양맥집' 일명 '찻집거리'였다.

방학천 유흥업소 '양맥집'

방학천변은 소위 '방석집'이라 불리며 취객이 끊이지 않는 우범지대였다. 대낮에는 문을 닫고 늦은 저녁시간에만 영업을 하는 특성상 골목은 어둡고 음침하였으며 여성 혹은 아이들은 가급적 지나다니지 말라고 권고하는 곳이기도 했다. 방학천에 사람들이 모이면서 자연스럽게 이 거리가 주민들의 눈에 들어왔고, 여러 질책이 이어졌다. 이곳의 모습을 바꾸지 않고서는 방학천을 주민의 품으로 돌려드리겠다는 생각이 헛된 바람으로 전락하지 않을까 우려가 되었다. 실태조사와 대책을 마련하도록 지시하였다. 그 골목에만 31개의 '양맥집'이 존재했다. 채송화, 아모르, 로즈, 호수, 흑마와 같은 간판들이 거리를 메우고 있었다.

늦은 밤에 영업을 시작하고 손님이 오면 바깥 문을 걸어 잠그는 방식으로 새벽시간까지 비밀 영업을 하는 업소의 특성상 성매매와 같은

유해업소가 즐비했던 방학천변

불법행위를 적발하기가 불가능하다는 부서의 고충이 있었다. 경찰의 협조도 쉽지 않았다. 2016년 '유해업소 이용 근절 캠페인'이라는 현수막을 업소 정면에 내걸었다. 그리고 하천변에 CCTV를 설치해서 자연스럽게 이용을 막음으로써 업소가 폐업하기를 기대하였다. 그러나 수십 년 동안 그곳에서 영업하던 분들이 업종을 전환하거나 다른 곳으로 이전한다는 것은 어려운 일이었다.

구직을 돕고 대출을 알선해주고, 여러 대책을 마련해서 설득하는 것밖에 대안이 없었다. 경찰과 함께 특별단속반을 구성해서 1년 반 동안 밤마다 유흥업소를 단속하면서, 업주나 종사자들을 설득했다. 끈질긴 노력 끝에 2017년 마지막 업소까지 폐업하면서 총 31곳의 유흥업소는 모두 문을 닫았다.

방학천문화예술거리

방학천 유해업소 단속에 집중하고 있을 2016년 무렵이었다. 유해업소 단속과 지원정책으로 그분들을 내보내는 것만이 아니라 그 이후를 생각해서 문화예술거리를 조성하면 좋겠다는 제안을 받았다. 옳은 생각이었다. 도봉구 곳곳에는 공방들이 산재해 있고, 이들을 참여하게 하면 도봉구의 문화예술인들을 지원하면서 동시에 거리의 활력도 기대되었다. 도봉구 민관협치 시스템으로 방학천문화예술거리를 조성하는 문화도시재생으로 방향을 잡았다.

우선 2017년 방학천변 중간에 폐업한 양맥집 두 곳을 합해서 주민커뮤니티 공간인 '방학생활'을 열었다. 주민들이 자주 이 거리를 다니고, 공간을 활용할수록 문제 해결에 한 걸음 다가갈 수 있다는 생각이었다. 결과는 성공적이었다. '방학생활'을 중심으로 마을커뮤니티가 활성화되면서 주민들이 모여들기 시작하였다.

우리 구에서는 폐업한 공간들 중에서 건물주와 협의된 곳에 대해서는 작가들의 입주를 유도하기 위해 6개월분의 임대료와 초기 인테리어비용을 구에서 지원하는 동시에 건물주들과는 향후 5년간 임대료를 인상하지 않기로 협약을 맺었다. 그러자 공방들이 하나둘씩 이곳으로 모이기 시작했다. 목공예, 칠보공예, 가죽공예, 유리공예, 헌책방, 카페, 플라워샵, 도자기 스튜디오 등 다양한 장르의 문화예술작가들이 입주하

주민 커뮤니티공간 방학생활

면서 자연스레 소박하지만 개성을 간직한 문화예술거리가 조성되었다. 나중에는 우리 구가 지원하지 않았는데도 유사한 업종의 공간들이 자발적으로 이곳으로 유입되는 부수적인 효과까지 발생했다.

방학천 문화예술거리는 줄임말로 '방예리'라 불린다. '방학생활'을 이어받은 '방예리 143아트 스퀘어'는 주민 커뮤니티 공간이자 방예리 작가들의 공동작업장으로 운영되고 있으며, 교육과 전시 및 홍보 등이 이뤄진다. 또한 방예리를 찾는 사람들에게 이곳의 역사와 도시재생을 알리는 곳으로도 활용되고 있다.

이후 방예리에 청년 문화예술인을 위한 주택인 문화인마을(3호)을 건립하였고, 13명의 청년예술인들이 주거와 활동을 연계해 입주해 있다.

방학천문화예술거리의 공방들

어둡고 황량하고 침침했던 방학천 일대의 변화는 계속 이어지고 있다. 방학천 옹벽 개선작업과 더불어 인도를 넓히고 전신주를 지하화하여 보다 쾌적한 거리로 탈바꿈하고 있다.

민관협치는 경직되기 쉬운 행정의 방식을 유연하게 하고, 속도를 조절하며, 부족한 부분들을 보충한다. 방학천 문화예술거리는 2018 지속가능발전대상과 2019 대한민국 지방자치경영대전 장관상을 수상함으로써 도봉구 민관협치의 주요 성과 중 하나로 평가되고 있다.

'방예리'가 문을 여는 날이었다. 입주작가들과 주민들이 함께 축하하는 자리에 건물주들도 자리를 같이했다. 어느 할머니께서 자신이 건물주라고 하면서 나에게 인사를 건넸다. 참으로 고맙다는 취지였다. 이유를 묻자 먹고 살기 위해 어쩔 수 없이 술집에 임대를 주었는데, 그동안 부끄러워서 누구도 집에 초대를 하지 못했단다. 그런데 이제는 맘 놓고 초대할 수 있게 됐다며 이런 날이 올 줄 몰랐다는 것이다. 주민과 건물주, 그리고 입주작가 모두 만족스러운 하루였다.

씨알방학간

도봉구 방학동에는 (구)소방학교라는 공간이 있었다. 소방대원들의 화재진압 훈련과 소방헬기 기동훈련 등을 담당하는 곳이었다. 2018년 서울시는 지자체에 흩어져 있던 소방기관을 하나로 모으는 소방행정타운을 은평구 진관동에 건립하여 도봉소방학교와 구조구급교육센터는 그곳으로 이전하게 되었다. 서울시는 부지를 매각하여 재원을 확보하려 계획하고 있었다.

나는 그 소식을 듣고 박원순 시장과 면담을 요청하여 공공 부지를 매각하는 것은 쉽지만 새로 조성하기는 얼마나 어려운 것인지를 설파하며 매각을 만류하였고, 안전체험센터와 함께 인프라가 부족한 서울시 청년혁신파크를 조성하자는 제안을 하였다. 박 시장의 결단으로 부지매각계획은 취소되었고, 당초 제안한 안전체험센터와 청년혁신파크가 받아들여져서 약 1천억 원의 사업비가 투입되는 대규모 프로젝트가 진행되고 있다.

준비하는 과정에서 (구)소방학교 구조구급교육센터 건물은 방치되

씨알방학간

고 있었다. 2020년 건물을 방문해서 보니 노후화된 건물은 어쩔 수 없지만 약간의 내부수리만 거치면 철거할 때까지는 쓸만하겠다는 생각이 들었다. 당장 철거가 이루어지고 새로운 프로젝트가 시작되면 좋겠지만 행정은 절차가 있고, 철거까지 2년은 쓸 수 있겠다는 판단이었다. 다만 철거할 건물에 많은 예산을 투입할 수는 없으니 전기와 수도 등 최소한의 수리만 구예산으로 수리하고, 도봉구의 문화예술 청년들에게 무상으로 사용하게 하는 대신 내부는 스스로 고쳐 쓰도록 정하였다. 바로 이곳이 '씨알방학간'이라는 문화공간이다.

오랜 시간 잠들어 있던 옛 소방학교 건물을 어떻게 활용하면 좋을까. 폐건물 공간을 새롭게 조성하기 위해 도봉구의 청년과 주민, 예술가 등이 추진단을 만들어 정책을 제안하고 실현시키기 위한 공론회를 가졌다.

'씨알방학간'이라는 명칭도 공모로 만들어졌다. 아직 알에서 깨어나지 않은 구민 스스로를 의미하는 '씨알'이라는 단어와 '방학동'이라는 동네 이름, 거기다가 과거의 방앗간이 동네마다 사람들이 모여 온갖 소식을 알 수 있는 커뮤니티 시설이기도 했다는 점에 착안했다. 도봉구의 지역 문화가 모이고 도시재생을 통한 문화도시의 가치를 구현한다는 의미를 녹여내어 '씨알방학간'이라는 이름을 붙였다. 현재 이곳은 10개의 문화예술분야 청년기업들이 입주해서 활동하고 있다.

7

도봉구를 배경으로 한 문화콘텐츠

도봉구는 다양한 문화콘텐츠의 배경으로 그려지고 있다. 특히 쌍문동의 평범한 일상이 작품 속에서 단란한 가족의 모습을 담으면서 핫한 동네로 떠오르고 있다. 〈아기공룡 둘리〉와 〈용하다 용해 무대리〉가 쌍문동에 거주하는 모습을 그림에 담고 있으며, 최근에는 〈응답하라 1988〉과 〈오징어게임〉에서도 쌍문동을 주 무대로 삼으면서 국내는 물론 국제적으로도 알려졌다.

아기공룡 '둘리'와 용하다 용해 '무대리'의 고향

도봉구에는 만화가, 화가, 시인 등 많은 예술작가들이 거주하고 있다. 그중 만화가가 많다는 것에 착안하여 만든 공간이 있다. 물론 '둘리뮤지엄'이 가장 큰 문화자산이겠지만, 그와는 다른 형태로 '만화인 마을' 1호점과 2호점이 있다. '만화인 마을'은 지역의 만화가와 애니메이션 작가들에게 거주와 작품을 할 수 있도록 지원한 청년주택이다. 도봉구에 만화가가 많다는 것은 선배들이 터전을 닦아 놓은 덕분이 아닐까?

도봉구에는 두 분의 대표적 작가와 작품이 있다. 김수정 작가가 쌍문동과 방학동에서 거주하면서 10년 동안 연재한《아기공룡 둘리》가 있고, 강주배 작가가 방학동에 거주하면서 7년 동안 연재한《용하다 용해 무대리》가 있다. 쌍문역을 중심으로 '둘리테마거리'가 조성되어 있고, 창동역을 중심으로는 '무대리 거리'가 조성되고 있다.

특히 강주배 작가는 지금도 방학동 주민으로서 2014년부터 도봉구 홍보대사를 맡아 다양한 구정홍보 캐릭터를 제작해 주고 있다.

응답하라 1988

무엇보다도 도봉구, 특히 쌍문동을 널리 알리게 된 작품은 드라마 〈응답하라 1988〉이었다. 제목에 나온 것처럼 1988년 도봉구 쌍문동의 골목길을 배경으로 온 가족이 함께 볼 수 있는 따뜻한 가족이야기를 담고 있다. 쌍문동 토박이들도 드라마를 본 후 하나같이 어쩜 옛날 그 모습 그대로 담고 있지? 하며 드라마 작가나 PD가 쌍문동 출신일 거라는 이야기를 했다. 알아본 결과 다른 이들의 추억과 이야기를 듣고 동네의 분위기를 상상하며 썼다고 했다. 그럼에도 80년대의 쌍문동 정서가 그대로 드라마에 투영되었다.

브라질 떡볶이가 배경으로 나올 때에는 현재 50대가 된 정의여중·고 출신과 동네 주민들은 사라진 브라질 떡볶이집에 대한 향수에 빠져들었다. 또 다른 배경이 된 감포면옥은 드라마 이후 동네분들만 아니라 외지 관광객까지도 몰렸다. 어떤 때는 중국에서 온 관광객이 쌍문동을 방문하고 감포면옥을 배경으로 사진 찍는 모습도 볼 수 있었다.

우리는 드라마 제작자인 CJ E&M을 방문하여 '응답하라 1988' 전시관을 도봉구에 대여해 줄 것을 요청하였으나, 저작권과 상표권 등을 이야기하며 거절하였다. 다만 출연자들이 시청률 18%가 넘으면 팬 사인회를 개최하겠다는 시청률 공약을 발표했고, 마지막회 시청률 달성을 위해 도봉구 주민 모두가 TV 앞에 앉았다는 말이 돌았다. 웃자고 한 말이겠지만, 결과적으로 최종회 시청률은 19%에 달했다.

드라마를 방송했던 tvN과 협의하여 2016년 2월 15일, 정의여고에서 선착순 100명에게 팬 사인회를 열기로 하였다. 14일 저녁, 정의여고에 팬들이 몰려와 줄을 서서 밤샘을 시작했다는 보고가 있었다. 그날은 무척이나 추운 2월이었기에 사람들을 밤새 떨게 할 수는 없다는 생각에 교장선생님에게 학교 강당을 개방하여 추위를 피할 수 있도록 도와달라고 요청했다.

마침내 사인회가 열렸다. 1,500명이 넘는 팬들이 몰려들었다. 팬 사인회에 참여하기 위해 하룻밤을 새는 것은 기본이고, 줄을 서서 기다리는 동안 자체적으로 제작한 다양한 용품들을 갖고 와서 스타의 마음을 사로잡는 모습도 이색적인 볼거리였다. 100명만 사인을 받을 수 있음에도 팬들에게는 문제가 되지 않았다. 스스로 질서를 만들고, 일사불란하게 움직이는 모습이 놀라웠다. 세대가 다른 나로서는 신기할 따름이었지만 스타들을 향한 팬심이 무엇인지 곁에서 지켜볼 수 있었다.

드라마로 인해 도봉구 쌍문동이 전국적으로 유명한 명소가 되었다. 드라마가 종영된 후에도 한동안 많은 사람들이 방문하였고, 심지어 수년이 지난 후에는 중국이나 일본 관광객들도 많이 찾았다. 아마도 드라마가 해외로 수출되면서 해외 팬까지 생겨났기 때문이었을 것이다. 코로나19로 인해 이러한 모습도 찾아볼 수 없게 되어 아쉽기만 하다.

오징어게임

최근에는 넷플릭스 오리지널 드라마로 열풍을 끌게 된 〈오징어게임〉에도 도봉구 쌍문동이 배경으로 나와 화제가 되었다. 드라마의 주인공인 이정재가 "나 쌍문동에 사는 성기훈이오"라고 말하는 장면이 있다. 드라마의 주인공이 사는 동네이다 보니 쌍문동이 극 중 배경이 되었다.

알고 보니 오징어게임을 연출한 황동혁 감독이 실제로 나고 자란 곳이 쌍문동이라고 한다. 홀어머니 밑에서 자란 황 감독은 쌍문동 시장 좌판에서 할머니가 나물 팔던 모습을 생생하게 기억한다고 한다. 그런 추억으로 쌍문동의 서민적이고 정감 있는 모습을 드라마의 배경으로 잘 표현해 낸 것 같다.

드라마에서 오일남(오영수)과 성기훈(이정재)이 한 편의점 앞 의자에 앉아서 깡소주에 라면을 부숴먹던 장소가 CU편의점 쌍문우이천점이다. 상우(박해수)엄마의 생선가게는 백운시장에 있다. 덕분에 쌍문동은 소위 젊은이들이 말하는 '힙한' 동네가 되었다. 편의점과 백운시장은 지금도 관광객들이 찾으며 기념촬영 장소가 되고 있다.

방문객들은 단순히 사진만 찍고 가는 것이 아니라 주변 가게에서 물건을 구매하는 등 매출까지 올리는 현상이 벌어졌다. 흥행에 성공한 영화와 드라마는 콘텐츠 외에도 다양한 부문에서 큰 영향력을 갖게 된다.

주요 촬영지도 마찬가지다. 그 지역의 명소로 떠오르거나 한발 더 나아가 또 하나의 한류 콘텐츠가 될 가능성도 있다.

도봉구 홍보전산과 주무관이 정리한 '쌍문동 드라마 속 명소'라는 글도 소개해보고자 한다.

'서울 노스탤지어' 불러일으키는 동네

수양산 그늘이 강동 팔십 리를 간다나 어쩐다나. 옛말 틀린 거 하나 없다. 넷플릭스 드라마 〈오징어 게임〉이 세계적인 인기를 끌면서, 덕분에 〈오징어 게임〉의 배경인 도봉구 쌍문동도 덩달아 관심을 받고 있다. 주인공이 자신을 소개할 때 으레 '쌍문동 성기훈'이라며 지명을 호號처럼 덧붙인다. 쌍문동의 명칭이 효자에서 유래했다면, 그 명칭의 효자 노릇은 성기훈(이정재 분)이 다 한 셈이다.

쌍문동이 더 유명해진 이유는 실제 드라마 일부가 쌍문동에서 촬영됐기 때문이기도 하다. 극 중 일상적인 공간을 제외하고 눈에 익은 장면만 추려보아도 세 군데나 된다.

먼저 관광객이 가장 많이 찾는 장소는 극 중 상우(박해수 분)네 생선가게인 백운시장 '팔도건어물'(도봉구 삼양로154길 36)이다. 상우의 어머니에 대한 미안함과는 대조적으로, 어머니의 서울대생 아들에 대한 자랑과 사랑으로 점철된 이곳은 사실 생선가게가 아니라 건어물상이다. 하지만 정작 파는 품목을 들여다보면 건어물상과 생선가게의 어디쯤 있다고 할 정도로 생물부터 건어물까지 다양하게 판매하는 '수산물 상회'다.

낯선 사람들의 잇따른 방문과 연이은 같은 질문에 자못 지칠 수 있지만 그래도 사장님은 시종일관 친절로 응대한다. 이날도 방송사의 인터뷰에 응한 사장님은 "찾아와주는 사람이 많으면 시장의 활력이 생기지 않겠냐"며 반색했다. 후문이지만 먼 길 찾아와서 구경하는 사람은 많지만, 품목이 생선인지라 실제 매출이 늘지는 않는다고 한다. 구운 생선도 판매하니, 부디 생선 먹고 싶은 날 방문해보시길 권한다.

둘째는 극 중 기훈과 상우가 담배를 피우며 각자의 인생을 담담히 하소연하던 장소인 '국제세탁 골목'(도봉구 우이천로48길 9)이다. 백운시장 입구에서 몇 걸음 떨어지지 않은 곳에 있다. 드라마가 아니었다면 평범한 동네 골목에 불과하겠지만, 극상 중요 대화의 배경이어서 그런지 새삼 '레트로 분위기'가 물씬 풍기는 '셀카 맛집'으로 등극했다.

셋째 장소는 기훈과 일남(오영수 분)이 소주에 생라면을 곁들이던 '씨유(CU)편의점 쌍문우이천점'(도봉구 우이천로39길 11)이다. 어찌 보면 게임 같기도 한 인생, 인생 같기도 한 게임을 논하며 선문답하던 간이 테이

블에서 생라면을 먹는 것이 〈오징어 게임〉 순례의 중요한 대목이 됐다 고 한다. "이럴 줄 알았으면 촬영 때 더 비싼 안주로 사 먹어 달라고 할 걸"이라는 점주의 귀엽고도 늦은 후회가 뒤따른다.

〈오징어 게임〉의 로케이션 중에서도 유독 사람들이 쌍문동에 주목하는 데는 이유가 있다. 극은 쌍문동을 사람의 목숨이 돈으로 환원되는 게임에서도 끝까지 사람의 본성을 잊지 않았던 두 명의 주인공이 살아온 곳, 가족·이웃과 함께하며 사람으로 성장해온 곳임을 누차 환기한다. 그리고 여기에다 다소 토속적이기도 한 쌍문동이 주는 언어적 푸근함과 골목과 마을공동체가 살아 있는 쌍문동의 정취도 한몫했다. 아닌 게 아니라 정말 그런 '살 만한' 동네니깐 말이다.

〈오징어 게임〉의 황동혁 감독 역시 쌍문동에서 나고 자랐다고 한다. 어찌 보면 서울 하늘 아래 아직 마을공동체가 무너지지 않은 공간으로서, '서울 노스탤지어'를 불러일으키는 곳 중 하나가 바로 쌍문동이 아닐까 싶다. 서울에서 인심을 느껴보고 싶다면 '사람을 향한 도시, 도봉구' 쌍문역에서 내려보자.

힘센 여자 도봉순

물론 특정 지역을 배경으로 한 드라마가 항상 그 지역에 긍정적인 영향을 미치는 것은 아니다. 드라마 소재가 사회적으로 비난 받는 것일 경우는 당연히 그 지역에 대한 인상도 나빠질 수가 있기 때문이다.

JTBC에서 방영한 드라마 〈힘쎈 여자 도봉순〉이 그랬다. 이 드라마에서는 '도봉순'이 살고 있는 도봉동이 우범지대처럼 묘사되고 있었다. 그래서 방송심의위원회에 심의조정 신청을 요청했고, 드라마 제작사에서는 '작품에 등장하는 장소들은 실제 장소들과 관련이 없음'을 고지하며 일단락되었다.

사실 도봉구는 25개 서울시 자치구 중 범죄 발생률이 가장 낮은 안전한 도시다. 강력범죄 발생 건수는 서울시 자치구 중 가장 낮아 매년 범죄분야안전도 1등급을 기록 중이다. 2011년에는 서울시 최초 여성친화도시로 지정된 곳이며, 전국 최초로 완전한 인증을 받은 유니세프 아동친화도시이기도 하다.

평범한 일상에 깃든 아름다움

우리나라 드라마가 세계적인 인기를 끌게 되면서 그 촬영지도 덩달아 관심이 높아지고 있다. 가장 지역적인 것이 가장 세계적이라는 말이 틀린 말이 아니라는 것을 실감할 수 있었다. 예전에는 쌍문동을 모르는 사람들이 많았지만 요즘은 드라마에 나오는 동네라면서 정겨운 지역으로 부각되었다. 똑같은 파마머리를 하고 평상에 둘러앉아 콩나물 다듬는 엄마들, 월급날 돼지고기 한 근 끊어 온 아버지를 반기며 해맑게 웃는 자식들, 자발적으로 골목길 청소하는 이웃들의 모습이 드라마에 비춰지면서 '사람 사는 냄새'가 풀풀 나는 동네의 모습을 보여주었다.

도봉구는 부유하지는 않지만 도봉산 자락에 위치하여 경관이 뛰어나고 고즈넉하며 소담한 멋이 있다. 특히 쌍문동은 대단지 아파트가 많지 않고 여전히 주택과 다세대 빌라 중심의 주거촌이 형성된 곳이다 보니 이웃 간의 정이 흐르는 동네다. 골목길 문화가 살아 있고, 도봉산 기슭에서 발원해 흐르는 우이천은 사람들의 마음을 여유롭게 만든다.

도전으로 일궈낸 문화도시 도봉의 꿈

4장

1

실패한 도전에서 찾는 교훈

앞서 얘기했듯이 도봉구는 가진 것이 많지 않은 곳이다. 변화를 위한 도전정신이 절실했다. 하지만 2010년 7월 1일, 구청장으로 첫 취임했을 당시의 도봉구청 공무원 사회의 분위기는 주어진 일이나 탈 없이 수행하자는 무사안일의 전형적인 모습이었다. 구정은 구청장 혼자서는 할 수 없는 일이고, 공무원들과 함께 만들어가는 것이기에 나는 공무원 사회에 새로운 도전적 과제를 부여하여 긴장감을 갖고 일하는 분위기를 만들 필요가 있다고 생각했다.

산악박물관 유치에 실패하다

도봉구는 재정이 취약해서 구 자체예산으로는 큰 사업을 추진하기 어려웠다. 그런 이유로 나는 취임 초부터 정부 공모사업에 관심을 갖고 추적해왔다. 그러던 중 취임 첫 해 가을쯤이었을까. 중앙정부 산림청에서 산악박물관 입지 공모를 한다는 정보를 알게 됐다.

도봉구가 갖고 있는 가장 큰 자산은 단연 도봉산이다. 도봉산은 기네스북에 단위면적당 등산인구가 가장 많은 산으로 기록될 만큼 등산객이 많다. 이런 유리한 조건을 내세워 산림청의 산악박물관을 유치하려고 했으나 결국 무산됐다. 강원도 쪽으로 넘어간 것이다. 도봉산에 비하면 설악산에 만들어진 산악박물관은 짓고 난 후 접근성 부족으로 인해 비판적인 평가가 이어졌다. 어쨌든 도봉구가 민선5기 첫 도전과제로 시작한 일이 보기 좋게 실패하고 말았다.

국립서울과학관 유치에 실패하다

민선5기 첫해에 문광부가 종로구 혜화동에 위치한 국립서울과학관을 이전하겠다는 계획을 발표했다. 문화부청사가 '대한민국 역사박물관'으로 사용하게 됨에 따라 '국립서울과학관'을 문화부 청사로 내어주고 과학관을 이전할 부지를 찾고 있었다. 이번에도 내가 직접 공모 내용을 확인하고 직원들에게 응모 준비를 지시했다.

창동 운동장의 축구장 부지를 대상으로 공모 신청을 했다. 경쟁 지자체는 이웃한 노원구였다. 서울과학관 선정위원회가 창동 부지를 방문했던 뜨거운 8월의 어느 날, 나는 운동장의 땡볕 아래에 서서 직원들이 보는 가운데 직접 브리핑을 했다. 대상 부지가 창동역에서 3분 거리라는 점, 동부간선도로, 대규모 환승주차장을 예로 들며 입지의 우수성을 강조했다. 반면에 노원구가 추천한 대상부지는 7호선 하계역과 1.3km 떨어져 있어 이용객의 접근편의성이 떨어지고, 불암산 자연공원 내에 위치해 있어 건축물 높이가 3층 12m 이내로 제한된다는 것을 지적했다. 국내 모든 과학관이 20m 이상이라는 점도 강조했다.

이 사업은 과학관 운영주체인 교육부와 서울시가 열쇠를 쥐고 있었다. 나는 당시 취임 직후였던 이주호 교육부장관을 만나 도봉구 창동 유치의 정당성을 강력하게 피력했다. 객관적으로만 평가해달라고 호소하기도 했지만 결론은 실패였다. 경쟁 상대였던 노원구 출신 국회의원인 권영진 의원(현 대구시장)은 이주호 장관과 고교동문이었고, 서울시에서 오세훈 시장 시절 정무부시장을 지낸 인연을 갖고 있었다. 권영진 당시 의원은 부지 결정에 영향을 미칠 수 있는 두 사람과 같은 당 소속이었고 막역한 관계였다. 물론 나와 두 사람은 사적 인연이 없는 것은 물론이거니와 소속 정당조차 달랐다. 지금도 객관적으로는 창동이 우수한 부지였다고 생각하지만 현실적으로는 무모한 도전이었고, 결국 다시 실패하고 말았다.

후일담이지만 당초 서울과학관을 유치하려 했던 창동부지에 2만석 규모의 서울아레나 건립이 가시화될 시점에 당시 노원구청장이었던 김성환(현 국회의원)이 내게 했던 말이 기억난다. "형님! 서울아레나가 잘 추진되는 것 같던데, 제가 크게 도운 겁니다."라고 하기에 무슨 소리인가 했더니, "서울과학관을 노원구에서 유치하지 않았다면 서울아레나는 못했을 거 아닙니까?" 한다. 맞는 말이기는 해서, '허허' 웃으며 고맙다고 했다. '새옹지마'라 했던가? 일이 항상 뜻대로 되지는 않지만 그것이 꼭 나쁜 것만은 아니다.

문광부의 대중음악공연장 입지공모에서 실패하다

대중음악공연장은 2011년부터 꿈꾸어왔던 도봉구 변화를 위한 최대의 사업이었다. 창동의 주차장 부지가 서울시 소유였기 때문에 일차적으로 서울시와 초기적인 논의를 시작하였다. 그러던 중 2013년에 문화체육관광부에서 대중음악공연장 입지공모를 했다. 공공이 토지를 제공하고 민간이 투자하는 민간투자방식이었다.

전국 20여 개의 지자체가 응모했고, 1차 평가에서 도봉구 창동과 송파구 잠실, 고양시 세 곳이 남게 되었다. 쟁쟁한 자치구 사이에서 도봉구의 장점과 가능성을 어필해야만 했다. 이번에도 구청장인 내가 나서서 직접 PT발표까지 하려고 준비를 했으나 주최 측에서 "단체장은 안 된다"고 하여 나설 수 없었다. 대신 질문에 응답하는 것으로 대신하였다. 많은 준비를 했고, 특정 지역을 염두에 둔 듯한 선정위원의 편파적인 질문도 있었다. 공항과의 거리를 기준으로 공연장의 입지가 불리하지 않느냐는 부적절한 질문에 대해서는 세계의 모든 공연장은 공항보다 전철역과 가까이 있다는 점을 강조하며, "공항과 가까운 고양시보다 대중교통망이 잘 연결된 도봉구 창동이 적합하다"고 답했다. 공모선정을 위해 만발의 준비를 했지만 결국 선정되지 않았다.

뒤늦게 이유를 알게 되었지만 이번 건 역시 김문수 경기도지사 시절 고양시로 이미 정치적으로 내정된 일이었다. 변명 같지만 대규모의 시설들은 그동안 객관적인 평가를 하기보다는 정치적인 작용에 의해서 결정되는 경우가 많다는 것이 현실로 드러났다.

왜 안 되는 일에 도전하는가?

취임 초기 구청장이 뭔가 의욕을 갖고 계속 도전하는데, 하는 것마다 실패하는 모습을 보이자 당시 공무원들 사이에서 "왜 우리 구청장은 안 되는 사업에만 도전하는가"라는 수군거림이 돌았다. 하지만 다른 한편에서는 자신들도 눈앞에 주어진 일뿐 아니라 적극적으로 새로운 일을 찾아야 하는 게 아니냐는 생각을 갖게 되는 계기로도 작용했다. 그때부터 기획부서에서는 정부나 서울시 공모사업 중 우리에게 적합한 사업들을 적극적으로 찾기 시작했고, 이를 종합하여 해당 부서에 전달하게 되었다. 해당 부서들도 공모사업 이외의 외부재원을 활용할 수 있는 방법들을 찾기 시작했다.

내가 취임 초기부터 무모한 도전을 계속했던 이유는 성공만을 위해서가 아니다. 도전정신을 가진 적극적인 태도가 필요함을 보여주는 데 더 큰 목적이 있었다. 결국 도전 자체는 실패했지만 공무원 사회 내부의 분위기를 바꾸는 데 성공했다고 평가한다.

2

도봉구, '서울아레나'에 도전하다

지방정부를 이끄는 시장·군수·구청장들의 가장 큰 고민은 무엇보다도 '지역발전을 어떻게 이룰 것인가'에 있다. 변화에 대한 주민들의 욕구가 큰 지역일수록 그 고민은 클 수밖에 없다. 도봉구 역시 변화에 대한 욕구가 큰 지역이다.

하지만 도봉구처럼 경제적 기반이 취약한 지역일수록 변화를 현실화시키는 것은 쉬운 일이 아니다. 몇 가지 단편적인 사업만으로는 불가능하다. 따라서 더 정교한 전략적 사고가 필요하다.

단체장에 출마한 후보들 중 대기업을 유치해서 일자리를 만들고 지역경제를 활성화시키겠다는 공약을 내세우는 경우를 많이 봤다. 물론 그럴 수 있는 여건을 가진 지역도 있을 것이다. 하지만 대기업 유치는 지방정부의 뜻대로 되지 않는다. 기업의 판단이 우선이다. 말은 쉽지만 허황된 공약이 될 가능성이 높다.

결국 내가 선택한 도봉구 도시발전 전략은 문화를 통한 도시 이미지 전환 전략이었다. 어느 지역이 문화적 매력을 갖고 있다면 오지 말라고 해도 사람이 모이게 되어 있다.

서울의 외곽이고 상대적으로 낙후된 도봉구가 문화적 매력을 갖도록 하는 것! 이것이 나의 도봉구 발전전략의 핵심 포인트였고, 이 발전전략의 중심에는 서울아레나가 자리하고 있다.

나는 문화를 통한 도시발전전략을 구상하면서 남들이 다하는 것을 따라하는 것은 경쟁력이 없다고 생각했다. 꼭 필요하지만 남들이 아직 시도하지 않은 분야야말로 성공가능성이 높다고 판단했다. 대중음악 공연장 아레나 건립이야말로 도시발전 전략의 블루오션인 것이다.

전문공연장이 없는 대한민국의 현실

언제부터인가 K-Drama, K-Movie, K-Beauty 등 한류가 세계적인 문화현상으로 등장하기 시작했다. 그중 특히 K-POP은 블랙핑크, BTS를 선두로 세계 젊은이들의 마음을 사로잡고 있다. 그럼에도 불구하고 대한민국에는 그 열기를 담을 전문공연장이 부재한 상태이다. 기껏해야 실내공연의 경우 KSPO 돔(올림픽체조경기장)이나 고척 돔구장 같은 체육관에서 이뤄지는 실정이다.

참으로 부끄러운 일이 아닐 수 없다. 코로나19 이전까지만 해도 공연산업의 성장률이 타 산업에 비해 월등히 높은 현실을 감안하면 대중음악 공연장 건립은 늦어도 한참 뒤늦었다고 할 수 있다. 외국의 경우 일본이나 중국은 물론이고 필리핀, 말레이시아 등 동남아국가에도 대중음악 전문공연장이 운영되고 있다.

대한민국 K-POP이 세계적인 수준을 자랑하고 있지만 정작 세계 최고 수준의 아티스트들은 국내 공연을 꺼려왔다. 월드투어 방식으로 진행되는 세계적 수준의 공연에서 '코리아 패싱'은 일반적인 현상이다. 문제는 제대로 된 공연장이 없었기 때문이었다.

최초 제안, 그리고 답답함

2012년, 내가 처음 아레나 공연장을 제안했을 때만 해도 아레나가 무엇인지, 그것이 왜 필요한지를 이해하는 사람이 극히 드물었다. 도봉구가 그만한 부지를 갖고 있지 않았기 때문에 서울시 소유의 창동운동장 부지(50,149m²)를 대상지로 삼아 서울시에 이 사업을 제안할 수밖에 없었다. 보궐선거로 당선된 박원순 시장을 만나 아레나 건립을 제안하자 아레나가 뭐냐는 질문이 첫 번째 반응이었다. 배석했던 실무국장 역시 마찬가지였다.

서울시 담당국장(문화본부장)은 내가 제안한 아레나 건립 제안에는 부정적 의견이었으면서도 내 아이디어를 엉뚱한 곳에 활용하고자 했다. 당시 고척 돔 야구장이 건립되고 있던 상황이었는데, 접근성 문제 등으로 여러 비판이 제기되고 있었다. 담당국장은 내 아이디어를 활용하여 이 돔구장을 공연장으로 함께 활용한다는 계획을 세우고 무려 500억 원에 가까운 비용을 들여 공연에 필요한 추가시설을 하게 된다. 하지만 호박에 줄을 긋는다고 수박이 되지 않듯, 실내 시설이라 해도 본래 야구장으로 지어진 건축물이 공연장이 될 수는 없었다.

아래 글은 2012년 3월 26일 박원순 시장에게 처음으로 아레나 건립을 제안하고 난 며칠 후 답답한 마음으로 보낸 이메일이다.

도봉구청장 이동진입니다.

지난 3월 26일 바쁘신 시간 허락해주셔서 감사합니다.

시장님을 뵙고 나서 몇 가지 느낀 점, 그리고 짧은 시간에 말씀드리지 못했던 것들을 말씀드리고자 합니다. 다소 언짢으실지 모르겠다는 생각이 들어서 몇 번을 망설였지만 오해 없이 들으실 분이라고 판단되어 글을 쓰게 되었습니다. 끝까지 읽어주시면 고맙겠습니다.

먼저 밝혀둘 것은 저는 시장님께서 추구하는 가치와 철학에 대해 누구보다도 견해를 같이하고 있습니다. 그럼에도 불구하고 지난 번 시장님을 뵙고 난 후 제 마음은 잠을 이루지 못할 만큼 몹시 불편했음을 고백합니다.

저는 시장님과의 예정된 20분의 만남을 위해 나름대로 많은 고민을 한 바 있습니다. 저뿐만 아니라 다른 구청장 역시 마찬가지일 거라고 생각합니다. 그런데 그날 제가 받은 느낌은 시장님께서 사전에 면담안건에 대해 아무런 보고도 받지 못한 것 같다는 것입니다.

오세훈 시장과도 몇 차례 면담을 가진 바 있습니다. 오시장과의 면담은 제 입장에서 그 자체가 매우 불편한 것이 사실이었지만 오 시장은 면담의 내용에 대해 사전에 파악하고 있어서 안건의 핵심에 쉽게 접근할 수 있었습니다.

그러나 지난번 시장님과의 면담은 짧은 시간에 처음부터 설명을 하다 보니 제대로 내용전달도 안된 채 자리를 떠야 하는 아쉬움이 있었습니다. 더구나 공무원들이 시장님 앞에서 사실과 다른 내용을 보고하는데도 저는 듣고만 있어야 했습니다.

물론 구청장들이 시장님께 요청하는 사안들이 무리하거나 현실적이지 못한 것들도 있을 것입니다. 그날 제가 말씀드린 동부간선도로 지하화 요구 역시 그중의 하나일지도 모르겠습니다. 하지만 구정을 책임지고 있는 구청장이라면 누구도 3,000여 세대 주민들의 집단적 민원이자 구의 발전전망과 관련된 문제를 외면할 수는 없었을 것입니다.

=====중 략 ====

아레나 공연장 문제에 대해서 몇 말씀드리겠습니다. 저희가 창동 시유지에 유치하고자 하는 아레나 공연장은 15,000석 규모의 대규모 대중공연장으로 건축비만 약 2,500억 정도가 소요되는 사업이며, 민간제안방식(BTO)이어서 시의 재정부담이 없는 사업입니다(사후 적자보전 대상이 아님). 따라서 수익성이 보장되지 않는다면 민간투자 자체가 성립되지 않습니다.

저는 창동 아레나 공연장 건립문제와 관련해서 그동안 각계 민간 전문가들과 의견교환을 해왔고, 국내 대표적인 공연기획사(CJ엔터테인먼트, SM엔터테인먼트, JYP엔터테인먼트 등)들에게 설문조사를 통해 필요성, 입지여건, 수익성, 투자의향 등을 파악해왔습니다. 또 적극적인 투자의향을 가진 민간사업자들이 제안사업에 참여할 준비를 하고 있음을 확인한 바 있습니다. 서울시가 투자한 서울관광마케팅주식회사도 투자의향을 갖고 있는 것으로 알고 있습니다.

뿐만 아니라 문화관광부에서도 k-pop을 비롯한 국내외 대중공연을 수용하기 위한 대형공연장의 필요성을 절감하고 있습니다. 문광부는 최근 대형 k-pop공연장 건립과 관련한 토론회를 개최(2012. 2. 29).할 만큼 관심을 갖고 있고 이에 관한 정부차원의 용역시행을 계획하고 있는 것으로 알고 있습니다.

저희가 실시한 설문조사 결과에 의하면 전문가들의 의견은 아레나 공연장의 입지는 서울에 있어야 하고 교통접근성이 매우 중요하며 역에서 걸어서 5분 이내에 위치해야 한다는 일치된 의견을 갖고 있었습니다. 그런 점에서 도봉구 창동은 매우 매력적인 입지조건을 갖고 있을 뿐 아니라 서울의 균형발전에도 큰 역할을 할 것이라 생각됩니다.

제가 시장님께 말씀드리고자 했던 것은 대형 공연장 하나를 건립하자는 것이 아닙니다. 주목해야 할 것은 이와 관련한 연관산업의 발전으로 인한 유발효과입니다. 한국 문화관광연구원이 문광부 주최 토론회에서 발표한 자료에 따르면 2,500억 규모의 공연장 설립에 따른 연간 유발효과에 대해 생산 유발효과 5,185억, 부가가치 유발효과 1,933억, 양질의 일자리 3,350개, 대학생 아르바이트 75,000개 등으로 분석하고 있습니다.

얼마 전 아레나 공연장에 대한 관심 때문에 저는 잠실체조경기장에서 있었던 k-pop공연을 관람한 적이 있습니다. 공연장소로는 부적절한 체조경기장임에도 불구하고 모든 좌석이 매진되었고, 관객 중 1/3이 중국, 일본 등에서 온 외국인들임을 공연기획사(CJ엔터테인먼트)로부터 확인한 바 있습니다. 이처럼 아레나 공연장 건립은 서울을 찾는 관광객 수를 상당히 증가시킬 것으로 예측하고 있습니다. 그런 이유로 국내 대표적인 관광사인 하나투어도 아레나 공연장 건립에 투자의향을 갖고 있는 것으로 알고 있습니다.

얘기하다 보니 너무 길어졌습니다. 지난 번 시장님과의 면담과정에서 드리고자 했던 말씀은 당장 부지를 확정해달라는 것이 아니라 현재 진행 중인 서울시의 시정개발연구원 등에서 진행중인 도시계획관련 용역과정에 창동지역의 아레나 공연장 건립 가능성을 포함해달라는 것이고 시장님께서 관심을 가져달라는 것이었습니다.

시장님께서는 아레나 공연장 건립에 대해서 이미 창동에 복합공연장이 건립되고 있는데, 새로 공연장을 건립할 필요가 있는가, 공연장 건립이 지역발전에 도움이 되는가라고 질문하셨습니다.

솔직히 말씀드려서 약간 당혹스러움을 느꼈습니다. 시장님께 제가 그 정도의 기본적인 인식조차 없는 사람으로 비쳐진 게 아닌가 하는 느낌을 지울 수 없었습니다.

중규모 공연장과 대규모 공연장이 함께 있다는 것은 경쟁이 아닌 시너지효과를 발생시키는 매우 큰 장점이고 문화생태계 조성에 매우 유리한 조건임을 전문가들로부터 확인한 바 있습니다.

창동의 해당부지는 상업용 부지로서 인근의 창동운동장 부지와 더불어 도봉구 발전의 중핵이 될 위치에 있음에도 불구하고 지난 20여 년 동안 주차장으로 남아 있었습니다. 이 부지가 창조산업 유치를 통해 동북지역의 변화를 이끌어내는 진원지가 될 수 있도록 이 문제에 대해 시장님의 적극적인 관심을 요청드립니다.

이 부지에 대한 서울시의 최근까지의 계획(어르신 행복타운, 여성건강증진센터)은 주변지역의 변화를 이끌어내기에는 너무 안이한 것이라 판단됩니다.

시장님께서 취임하신 지 얼마 되지 않았기 때문에 공무원들은 일반적으로 시장님의 관심사항에 대해서는 적극적이지만 그렇지 않은 새로운 제안에 대해서는 시장님의 의중을 확인하기 전에는 일단 방어적인 입장을 갖고 있는 것 같습니다.

이 문제에 대해 시장님께서 관련부서에 검토를 지시해주실 것을 정중히 요청드립니다. 아울러 조만간에 현장에도 꼭 한 번 방문해주실 것을 요청드립니다.

긴 글 마지막까지 읽어주셔서 감사합니다.

2012. 3. 30.

도봉구청장 이동진 올림

위 글은 아레나에 대한 최초 구상을 밝힌 것이어서 규모나 대상 부지에서 최종 확정된 것과는 차이가 있다. 지금 생각해도 나는 상당한 준비를 해왔는데, 서울시는 답답할 만큼 관심이 없었던 것에 대해 박원순 시장에게 항의의 메시지를 보낸 셈이다.

대중음악 전문공연장 아레나는 무대가 중앙에 있고 관람석은 무대를 둘러싸는 형태로 배치되는 건축물이다. 전면에 무대가 있고 관람객은 모두 한 방향으로 무대를 바라보는 우리나라의 일반적 공연장과는 완전히 다른 형태이다. 모든 음향장비와 조명은 천정에 배치된다. 따라서 일반 공연장과는 달리 집중도와 몰입도가 배가된다. 야외와 실내의 차이는 있지만 아레나는 로마의 콜로세움과 같은 개념의 건축물을 말한다.

이 외에도 돔구장이나 올림픽 경기장의 경우 무대가 따로 설치되어 있지 않기 때문에 공연을 할 때마다 매번 새로 설치해야 하는 문제로 대관일수가 길 수밖에 없고, 공연의 질에 비해 티켓 비용이 비쌀 수밖에 없다. 아레나의 경우 이미 무대와 음향, 조명이 완벽히 갖춰져 있기 때문에 대관일수가 짧아서 고품질의 공연임에도 관람 비용이 상대적으로 비싸지 않은 장점이 있다.

창동은 '서울아레나'의 최적지

나는 대중음악 공연장 건립을 위해 일본의 사이타마 슈퍼아레나, 요코하마 아레나를 비롯하여 상해의 메르스데스 벤츠 아레나, 영국의 O2아레나 등 세계 여러 나라의 아레나를 직접 방문한 바 있다. 특히 인상 깊었던 것은 사이타마 슈퍼아레나의 경우였다.

사이타마시는 도쿄의 동북부에 위치해 있고 도쿄 중심부에서 20여 킬로미터 정도에 위치한 도시로 도봉구와 유사한 점이 많은 곳이다. 도봉구도 서울의 동북부에 위치해 있다는 점, 사이타마 슈퍼아레나에 도쿄와 바로 연결되는 전철이 있다는 것도 도봉구 창동의 서울아레나가 창동역과 바로 인접해 있는 것과 유사하다. 더 재미있는 것은 사이타마 역 주변에 차량기지가 있었고, 슈퍼아레나는 차량기지 위에 세워졌다는 점이다.

창동 차량기지는 노원구에 위치하고 있지만 이것도 창동역 인근에 위치하고 있어 유사점이 많다고 느껴졌다. 내가 관심을 가졌던 것은 무엇보다도 도시재생사업의 일환으로 아레나가 건립되면서 차량기지로 인해 우중충했던 도시이미지가 완전히 바뀌었다는 점이다.

나는 세계의 여러 사례들을 살펴보면서 아레나 건립이 도봉구의 도시 이미지를 획기적으로 바꿀 수 있다는 확신을 갖게 되었다. 하지만 서울시를 설득할 보다 강력한 힘이 필요했다.

서울아레나,
창동·상계 신경제중심지 사업으로 확대되다

나는 첫 취임사에서 여건이 어려운 자치구들이 경쟁을 통한 각자 도생이 아니라 협력을 통한 공동발전을 모색하겠다고 밝힌 바 있다. 그 연장선상에서 2012년 동북 4구 발전협의회(도봉, 노원, 강북, 성북)를 발족하고 내가 초대, 2대 회장을 맡아 4개 구의 공동발전을 위한 서울시의 협력을 끌어내기 위해 노력했다. 4개 구가 각 지역별 핵심추진 사업들을 정리하여 서울시의 지원요청을 하게 되었고, 도봉구는 핵심적 사업으로 창동에 아레나 공연장 건립을 제안하게 된다.

강남북 균형발전이라는 차원에서 동북 4구에 대한 박원순 시장의 적극적인 지원 의지 속에서 진행된 2013년 문화체육관광부의 대중음악 공연장 입지공모가 실패로 끝나자 나는 다시 한 번 서울시에 아레나 건립을 제안하였다. 처음에는 소극적이었던 서울시가 문광부의 입지공모 등의 과정을 보면서 관심을 갖게 되었고, 박원순 시장이 문광부가 아닌 서울시 사업으로 추진해보자는 긍정적 입장을 밝히게 된다.

당시 박원순 시장은 서울아레나뿐 아니라 도봉구 창동과 노원구

상계동을 연계한 큰 틀의 발전계획을 구상하는 것이 좋겠다는 의견을 제시했고, 그로부터 도봉구와 노원구, 서울시가 협력하여 창동·상계 신경제중심지 조성사업이라는 이름의 종합적인 계획을 수립하기에 이른다.

드디어 2015년 2월, 박원순 시장은 내가 방문한 적이 있던 일본의 철도부지 재생사례로 꼽히는 사이타마현 신도심 현장과 '사이타마 슈퍼 아레나'를 둘러보고, 그곳에서 서울아레나를 포함한 '창동·상계 신경제 중심지' 조성계획을 발표하였다.

'서울아레나'는 민간투자사업

창동에 건립되는 서울아레나는 서울시 부지에 지어지는 민간투자 사업이다. 따라서 서울시의 동의와 더불어 민간투자자의 참여가 필수적이다. 서울시가 부지를 제공하고 민간사업자는 아레나를 지어 30년간 아레나를 운영하고, 그 후에는 서울시에 기부채납하는 방식이다. 따라서 서울시의 동의를 구하더라도 이 사업에 투자할 민간사업자가 없다면 사업을 추진할 수 없게 된다. 다행히 사업구상 초기부터 참여의사를 밝힌 사업자가 ㈜서울아레나라는 특수법인을 만들어 사업구상을 구체화하기 시작했다.

나는 민간투자 사업이 이렇게 많은 행정절차를 거치고 긴 시간이 소요되는 복잡한 사업인 줄 몰랐다. 이 사업은 서울시의 동의와 투자하겠다는 민간사업자만 확보되면 바로 시작할 수 있는 사업이 아니다. 총사업비가 토지비용을 제외하고도 3,000억 원이 넘는 대규모 사업이기

서울아레나 조감도

때문에 중앙정부의 투자적격성 검토라는 법적 절차를 통과해야만 시작할 수 있다.

2015년 2월 서울시가 공식적으로 서울아레나 사업 추진의사를 밝힌 이후 서울시의 행정절차를 거쳐 2016년 1월 민간사업자인 ㈜서울아레나가 기획재정부 산하 KDI에 정식으로 서울아레나 민간투자사업 제안서를 제출했다. 쉽게 통과될 것으로 알았던 심사가 1년이 지나도 긍정적인 소식이 들리지 않고 오히려 부정적인 쪽으로 기울고 있다는 이야기가 들려왔다. 민간사업자가 수천억 원을 투자하여 사업을 추진하겠다는데도 중앙정부가 이를 허용하지 않고 있다는 것이 이해되지 않았다. 이 사업은 민간사업자가 적자를 보더라도 정부가 보전해주는 사업이 아니며, 흑자든 적자든 100% 사업자의 책임으로 진행되는 사업이다.

당시 박근혜 정부와 박원순 시장의 관계는 우호적인 사이가 아니었다. 시간이 지날수록 제안서 평가전망이 어두워져가던 시기에 전국적으로 촛불시위가 들불처럼 일어났고, 2017년 3월 10일 결국 대통령 탄핵이라는 초유의 사건이 벌어졌다.

문재인 정부의 국정운영 100대 과제에 포함되다

탄핵에 따른 제19대 대통령선거가 치러지는 과정에서 나는 문재인 대통령 후보의 주요공약에 도봉구 창동의 대중음악전문공연장 건립사업을 반영시키는 데 성공했고, 문재인 후보가 대통령으로 당선되었다.

당선 직후인 2017년 7월 문재인 정부 국정운영 100대 과제에 〈창동 K-POP 아레나를 동북아 신문화중심지로 조성〉 사업이 포함되었다. 이로 인해 아레나 건립사업은 극적으로 기사회생했고 다시 탄력을 받을 수 있었다.

그동안 우리가 추진해온 아레나 사업에 대해 기획재정부가 공식 발표만 하지 않았을 뿐이지 사실상 부적격 판단을 내린 거나 다름없는 상황이었는데, 대통령이 바뀌면서 그 후부터 우리를 대하는 기재부의 태도가 180도로 달라졌다. 제출한 제안서를 그대로 통과시켜줄 수는 없으니 빨리 수정제안을 하면 신속히 통과시켜주겠다는 제안을 해왔다. 결국 서울아레나 민간투자사업 제안서는 2018년 12월 31일, KDI로부터 적격통보를 받았다. 2016년 1월 22일 투자적격성 검토의뢰 시점부터 거의 만 3년 만에 이룬 결실이었다.

하지만 그게 끝이 아니었다. 그 후로도 서울시 재정계획 심의, 민간투자사업 시의회 동의, 제3자 제안공고, 우선협상대상자 지정, 민간협상 위탁용역(서울시 공공투자센터), 서울시와 민간사업자 간의 협상진행, 서울시 건축위원회 심의, 환경영향평가, 기획재정부 민간투자사업 심의위원회 심의 등 수많은 행정절차를 거쳐야만 했다.

에피소드 한두 가지만 더 소개하고자 한다. 2018년 12월 정부가 관계부처 합동으로 이듬해인 2019년 경제정책 방향을 발표한 바 있다. 이 보고서는 경제 활성화를 위한 제1번 과제로 기업투자 활성화를 들었고, 그 첫 번째 과제로 '서울 창동 K-POP공연장'이라고 명기하고 있다.

나는 그 보고서를 보는 순간 내 눈을 의심했다. 그동안 온갖 어려움을 겪고 추진해온, 더구나 기재부의 반대로 무산될 뻔했던 서울아레나를 이제 와서 마치 자신들의 아이디어인 것처럼 첫 번째 과제로 등장시킨 것을 보고 실소를 금치 못했다. 그래도 얼마나 다행인가 싶어 감사할 따름이었다.

그러나 2020년 1월 20일, 코로나19 최초 확진자가 발생했다. 코로나19가 점차 확산되면서 전국이 긴장하기 시작했고, 사회적 거리두기가 강화되면서 결국 모든 공연장이 폐쇄되는 상황을 맞게 되었다. 상황이 심각해지자 우선협상대상자인 ㈜서울아레나의 대표 운영사 카카오측이 사업 참여중단 의사를 표명하기에 이르렀다. 공연산업의 전망이 불투명해졌다는 이유에서였다. 참으로 청천벽력이 아닐 수 없었다. 곧바로 서울시 담당 간부인 지역발전 본부장을 만나 대책을 논의했고, 서울시는 카카오측에 국민기업으로서의 책임을 다해달라는 요청과 더불어 카카

오가 입장을 바꾸지 않으면 서울시와의 다른 영역에서의 협력도 불가하다는 강력한 메시지를 전달했다. 카카오는 결국 6개월여 만에 다시 복귀하기로 결정했다.

드디어 '서울아레나' 실시협약을 이루다

2022년 4월 4일, 드디어 최종적으로 서울시와 민간투자사업자와의 실시협약을 체결하기에 이른다. 실시협약 현장에서 나는 눈가에 솟구쳐 오르는 뜨거운 눈물을 남몰래 닦기 바빴다. 대중음악 전문공연장 아레나를 처음 구상했던 2011년으로부터 11년 만에 맺은 결실이었다.

이날 협약의 공식적인 당사자는 서울시장과 민간사업자인 카카오 대표였다. 협약식을 마치고 나오는 과정에서 오세훈 서울시장이 나에게 축하한다는 말을 건넸다. 협약의 당사자는 서울시였지만 이 사업의 제안자가 도봉구이고, 내가 그동안 얼마만큼 노력해왔는지 오세훈 시장도 어느 정도는 알고 있기 때문이리라.

이제 남은 절차는 실시계획 승인과 건축허가를 거쳐 조만간 착공에 들어가는 것이다. 지난 10여 년의 과정은 살얼음을 걷는 것 같은 과정의 연속이었다. 서울아레나는 구청장 3선 12년의 임기를 관통하는 필생의 사업이었다. 임기를 마치기 전에 착공할 수 있게 될 것으로 기대했지만, 올해 9월쯤에나 착공이 가능할 것으로 보인다. 조금은 아쉽지만 대한민국 공연문화의 역사를 바꾸는 계기를 만들었다는 점에서 개인적으로 행운이라고 생각한다. 감히 얘기하자면 도봉구의 미래는 아레나

전과 후로 나뉠 것이라고 확신한다. 함께 애쓴 모든 분들에게 깊은 감사의 인사를 전하고 싶다.

서울아레나가 가져올 변화를 상상해보자

서울아레나의 효과는 단순한 대규모 공연장 하나에 그치지 않는다. 우선 서울아레나가 갖는 상징성이다. 국내 최초이자 최대 규모의 공연장으로, 좌석기준으로는 18,300석, 최대 관람인원 28,000명까지 수용할 수 있는 규모이다. 연간 관람인원만 180만 명이 도봉구를 찾게 되고, 그중 3분의 1은 외국인 관람객으로 예측하고 있다. 이와 더불어 2,000석 규모, 최대 8,000명까지 입장이 가능한 중형공연장이 동시에 건립된다. 여기서는 대중음악뿐 아니라 클래식 공연을 포함한 다양한 공연이 펼쳐지게 된다.

서울아레나는 단지 국내 K-POP 가수들의 전용무대가 아니다. 서울아레나는 전문공연장이 없어 내한공연을 꺼려왔던 세계 최고의 아티스트들이 방문하는 필수적인 월드투어 코스가 될 것이다.

BTS는 물론이고 매 공연 때마다 세계 최고 수준의 아티스트들을 도봉구 창동에서 만나게 될 것이다. 공연이 열리지 않는 평일에도 아레나는 그 자체가 볼거리가 된다. 국내 아티스트들의 다양한 팬 미팅 장소로 활용되면서 창동은 젊은이들이 넘쳐나는 거리로 활기를 띠게 될 것이다.

도봉구는 '서울아레나'라는 인프라를 기반으로 음악중심의 문화도시로의 도약을 꿈꾸고 있다. 수준 높은 공연을 관람하면서 음악을 소비할 뿐 아니라 음악의 창작과 유통이 동시에 이뤄지는 진정한 의미의 뮤직시티를 지향하고 있다.

이를 위해 현재 건축 중인 문화산업단지인 씨드큐브 창동 내부에 음악창작 공간인 50여 개의 공공스튜디오를 준비하고 있다. 이 공공스튜디오는 국내 최고수준의 시설을 갖추면서도 최소의 비용으로 이용할 수 있도록 하고, 씨드큐브 내부에 200실 정도의 주거공간을 확보하여 젊은 뮤지션들이 안정된 공간에서 마음껏 창작활동에 전념할 수 있는 환경을 조성할 계획이다.

서울아레나의 나비효과
– 창동·상계 신경제 중심지 조성사업

한국 문화관광연구원의 연구보고서에 따르면 2만 석 규모의 아레나가 운영되면 300개 정도의 문화기업이 새로 만들어지게 되고, 18,000개의 새로운 일자리가 발생할 것으로 전망하고 있다. 이런 전망은 서울아레나를 중심으로 한 창동지역을 왜 신경제중심지라고 부르는지, 국토부가 창동 신경제중심지 조성사업을 왜 경제기반형 도시재생지역으로 선정했는지를 잘 보여주고 있다.

우리가 제안한 서울아레나 건립 사업을 계기로 서울시는 〈창동·상계 신경제중심지 조성사업〉이라는 이름의 보다 폭넓은 동북부지역 발전전략을 수립하여 함께 추진하기로 결정했다.

창동·상계 신경제중심지 조성 계획

이와 더불어 2017년 9월, 서울시 도시계획위원회는 창동 일대를 창업·문화·교통 기능을 갖춘 '동북권 일대 광역중심지'로 하는 '도시개발구역 지정 및 개발계획'을 통과시켰다. 또 서울시 산하 공기업인 서울주택도시공사가 사업시행자로 참여해 총 3,600억 원을 투입한다는 계획도 함께 발표하였다.

창동·상계 신경제 중심지 조성사업은 창동역 주변부지와 중랑천 건너 맞은편 지역인 노원구 창동 차량기지와 도봉면허시험장 일대를 잇는 총 38만m^2 규모의 부지를 대상으로 추진되고 있다. 창동지역은 먼저 각종 사업이 원활하게 추진되고 있는 반면 노원구 지역의 차량기지와 면허시험장의 경우 부지이전 문제로 인해 상대적으로 사업추진이 지연

씨드큐브_창업문화산업단지 조감도

되고 있어 아쉽다.

창동 신경제 중심지는 '서울아레나'를 중심으로 창업 및 문화산업 단지인 '씨드큐브 창동'(총사업비 3,610억 원, 2025년 준공 예정)과 서울로봇인공지능과학관(총사업비 307억 원, 2022년 준공 예정), 서울사진미술관(총사업비 273억 원, 2023년 준공 예정) 등 대규모 사업들이 이미 공사 중에 있어 창동역 일대에 창조적인 미래산업의 기반이 조성되고 있다.

뿐만 아니라, 2026년 GTX-C 노선 개통에 맞춰 복합환승센터(총 사업비 4,701억 원)도 함께 추진되고 있다. 창동역 일대에서 전체 투자 규모가 1조원이 훨씬 넘는 초대형 프로젝트가 진행되고 있는 것이다. 이는 아레나가 가져온 나비효과라 하지 않을 수 없다.

서울사진미술관(상), 서울로봇인공지능박물관(하) 조감도

3

'음악도시 창동'을 향한 또 다른 발걸음

창동 신경제 중심지는 복합문화공연장인 '서울아레나'를 중심으로, 창업 및 문화산업단지인 '씨드큐브 창동'과, 동북권 세대융합형 복합시설인 '창동 아우르네', 서울로봇인공지능과학관, 서울사진미술관 등 창조적인 미래산업의 기반을 마련하고 있다.

서울아레나가 건립되면 300여 개의 문화예술 관련 기업이 생겨날 것으로 전망한다. 음악 창작인과 메타버스 기반 창작자들의 거주 및 업무공간과 콘텐츠 창작 공간, 공공 스튜디오 등도 마련된다. 음악의 소비와 생산, 유통이 동시에 이뤄지는 명실상부한 음악 도시가 되는 일이다. 문화와 예술 영역에서 '창작자 경제'Creator Economy를 만들어가고 있다. 나는 음악과 예술이 도시의 미래 정체성을 결정하는 중요한 자원으로 활용될 뿐 아니라 삶의 희망과 꿈을 노래하는 자원이 된다고 믿는다.

'서울아레나' 조성에 앞서서 유형과 무형의 플랫폼을 구성하기 시작했다. 그중 하나가 '플랫폼 창동 61'이다. 형형색색의 해상용 컨테이너 61개로 만들어진 공간 안에는 클럽형 공연장 레드박스와 입주 뮤지션을 위한 스튜디오, 녹음과 합주가 가능한 레코딩 스튜디오와 리허설 스튜디오 등 음악인을 위한 편의시설을 갖추고 있다. 스탠딩 400명 규모의 공연장은 밴드뿐 아니라 실험적 음악을 하는 음악인들에게 매력 있는 곳이다. 실황녹음이나 인터넷 생중계를 할 수 있는 시스템도 갖추고 있고, 입주 뮤지션을 매년 선정하여 여러 기회를 제공한다.

나는 창동 역세권이 미래세대를 위한 공간이 되길 바랐다. 청년들의 자기계발과 성장 및 일자리와 주거 등의 공간이 창동이라는 역세권의 거점으로 모이면서 문화와 공공의 인프라가 마련된다. '플랫폼 창동 61'을 만든 것은 문화생태계를 조성하는 하나의 방안이었다.

인디 음악의 성지라 할 수 있는 홍대와 비교할 때 불모지나 다름없던 창동이 뮤지션들에게 조금씩 알려지기 시작했다. 좋은 사운드 시스템과 뮤지션 친화적인 편의시설로 인해 록, 힙합, 재즈, 국악 등 장르 뮤지션들이 공연을 하기 시작했다.

개인적으로 나의 삶은 예술과는 거리가 멀었다. 고향 정읍은 동학농민혁명의 고장이며, 매년 동학혁명 기념탑으로 소풍을 가곤 했다. 초등학생 시절 가장 신명나는 축제는 바로 동학농민혁명 당시 농민군이 관군을 상대로 첫 승리를 거둔 황토현 전승일을 기념하는 행사였다. 그날이 오면 정읍 시내는 학생들의 가장 행렬과 신명나는 음악으로 가득했다. 그저 나에게 음악과 예술은 사람들을 행복하게 만드는 무언가로 기억되어 있다.

부모님은 평생 농사짓는 일 한 가지로 힘겹게 사셨기에 음악이나

플랫폼 창동 61

그림 등 예술을 누린다는 것은 꿈도 못 꿨다. 어쩌면 이런 환경 속에서 살아왔기에 서민적인 예술, 대중적인 문화 등에 더더욱 관심을 기울이게 되었는지 모른다.

음악도시 창동은 모두의 문화로

대중음악 콘텐츠를 즐길 수 있는 문화공간과 차세대 음악 산업 인재양성을 위한 예술교육기관들이 도봉구에서 꽃피울 수 있도록 생태계를 조성해왔다. 음악도시 창동은 전문성과 역량을 갖춘 성공한 음악인들만의 공간이 아닌 모두를 위한 문화예술도시로 구상하고 있다. '음악도시 창동'은 '모두의 문화'에서 출발한다.

'OPEN 창동'은 인디밴드의 성지라 할 수 있는 홍대처럼 도봉구 창동에서 음악 창작자들이 편하게 즐기며 창작을 할 수 있는 새로운 놀이공간으로 만들기 위해 시작한 프로젝트이다. 음악 창작자들에게 서로 교류할 수 있는 기회를 제공하고, 창작활동을 펼칠 수 있도록 지원한다. 청년문제는 주거·일자리·연애·결혼·출산·보육·문화·여가 등 다양한 측면에서 산적해 있다. 나는 청년일자리를 만들기 위해 공공이 나서는 부분도 중요하지만, 청년들이 스스로 창조하는 역량을 지닌 삶으로 나아갈 수 있도록 지원하고자 하였다.

인디창작자 발굴 지원 프로젝트인 'Why do we make music?'[WDM]에 1만 명 이상 지원한 바 있다. WDM은 도봉구가 인디창작자를 발굴해 싱글앨범 제작과 발매를 지원하고, 비주얼라이저와 매거진 콘텐츠를 제작·홍보하는 프로젝트이다. 기존의 전문 기획사의 오디션 응모율을 뛰어넘는 수준으로 인기를 끌고 있다. 점차 창동이라는 지역이 음악하는 친구들에게 알려지고 있다. 전국의 수많은 청년 음악가들에게 기회의 땅이 된 것이다.

3년 동안 WDM을 통해 많은 창작자들이 지원을 하면서 '창동'이 창작자들에게 음악의 도시로 알려지고 있다. 그것뿐만이 아니다. WDM을 통해 선정된 수상팀의 앨범은 청년 창작거점인 오픈창동(OPCD)스튜디오와 공음스튜디오에서 녹음, 믹싱 작업, 영상촬영 등을 지원을 받아 만들어진다.

마을로 확장하는 문화예술교육

도봉구를 음악중심 문화도시로 만든다고 이야기했을 때 다들 의구심과 부정적인 생각이 팽배했다. 나는 문화도시 도봉이라는 일관된 목표를 갖고 긴 시간을 걸어왔다.

핀란드의 수도 헬싱키에 있는 '아난딸로 아트센터'를 방문한 적이 있다. 오래된 학교 건물을 리모델링한 핀란드 예술 교육의 상징적인 공간이다. "진정한 예술경험이 곧 예술교육이며 예술교육은 실패 없는 배움을 경험하는 가장 훌륭한 교육"을 표방한다. 1987년 설립된 아난딸로 아트센터는 학교와 지역사회를 연결하는 커뮤니티 시설로 설립되었다. 오래된 학교 건물을 리모델링한 아트센터는 예술교육, 전시, 이벤트 공간 등으로 구성되어 있다. 우리나라 예술대학의 전공 실기실 수준의 공간·기자재·체험 재료 등을 보고 놀랐던 기억이 난다. 제대로 된 환경에서 예술 창작을 경험하고 있는 핀란드의 어린이, 청소년들의 미래는 과연 어떠할까.

공간뿐 아니라 예술을 하나의 언어로 인식하고 여러 과목에 융합하여 자연스럽게 녹아들게 하는 교육적인 내용도 주목할 만했다. '아난딸로 아트센터'는 소그룹 중심, 공동체 의식, 과정 중심, 경험 중심 등이 특징이다. 더군다나 마을교육공동체의 한 축으로 운영되고 있었다.

핀란드 헬싱키의 아동들은 모두 보편적인 예술교육을 받고 있었다. 하루 2시간씩 5일 동안의 연극·미술·영상·건축·조형·음악·회화·조각 등 수많은 분야의 예술을 접한다는 내용이었다.

피카소의 명언 중 "모든 어린이는 예술가이다." 라는 말이 있다. 모든 인간은 예술가로 태어난다. 끊임없이 말하고, 손짓하고, 춤을 추고, 표현한다.

도봉구도 '아난딸로 아트센터'를 모델로 '문화예술교육센터' 건립계획을 마련하였다. 성균관대학교 운동장 부지 개발과 연계해서 발생하는 공공기여금 약 1,200억 원을 활용하여 개발부지 일부에 건립하기로 하고 서울시와 이미 협의를 마친 상태이다. 하지만 성균관대학교와 사업시행사 간의 소송이 진행되고 있어 성균관대학교와 서울시, 그리고 도봉구가 최종 합의한 개발계획이 착수되지 못하고 있어 아쉽다.

시간이 걸리더라도 한국판 아난딸로인 '문화예술교육센터'가 건립되어 도봉구 문화예술교육의 주춧돌이 되길 바라는 마음이다.

새로운 시도들 그리고 아쉬움

5장

1

첫 마음初心을 기억하며

2010년 7월 1일, 민선5기 도봉구청장에 취임하였다. 주민자치 시대를 열겠다는 포부와 신념을 갖고 시작한 첫날이었다. 당선인의 신분으로서 어떠한 구정을 중심에 둘 것인지 고심하며 취임사를 직접 준비하였다. 진정한 주민자치를 열겠다는 첫 마음으로 1년을 시작했고, 12년 동안 그 마음을 간직해 왔다.

> "민주주의의 근간인 지방자치를 도봉구에서 제대로 실현하여 도봉구가 풀뿌리민주주의의 전형으로 평가될 수 있도록 최선의 노력을 다해나가겠습니다".
>
> "저는 주민여러분을 행정의 대상이 아닌 행정의 파트너라는 인식, 즉 거버넌스의 관점을 일관되게 추구해 나가겠습니다."
>
> "실질적인 주민참여를 보장하는 주민자치기본조례를 제정하고, 주민참

여예산제를 도입하겠습니다."

12년 전 내가 했던 취임사의 주요 내용이다. 그때나 지금이나 지방자치가 민주주의의 근간이고, 그 중심에는 주민자치가 있다는 마음에는 변함이 없다. 나 혼자의 생각이 아니라 함께하는 1,500여 공무원들도 같은 마음을 갖기 바라며 끊임없이 공직사회의 변화와 혁신을 추구해왔다. 공무원들의 입장에서는 주민과 함께한다는 것이 처음에는 부담스러운 일이고 비효율적인 것으로 느꼈을 것이다. 주민자치는 어느 순간 완성되는 것이 아니라 끊임없이 흔들리면서 앞으로 나아가는 것이라 생각한다. 때로는 뒷걸음질칠 수도 있다. 하지만 포기하지 않고 나아가야 할 길이다. 민주주의가 원래 그런 것이기 때문이다.

나 역시 느린 변화의 속도에 답답함도 느꼈지만 이 길에 함께해온 주민들과 공직자들이 있었기에 많은 것들을 이룰 수 있었으니 감사할 따름이다.

2

도봉에서 처음 시작한 정책들

도봉구는 전국 기초자치단체로는 처음으로 시작한 혁신정책들이 많다. 앞서 소개한 사례들 외에 대표적인 몇 가지만 소개하고자 한다.

먼저 민관협력을 넘어 실질적 거버너스를 구축하려는 노력이 만들어 낸 '협치 도봉'이 대표적인 혁신 정책으로 손꼽힌다. 또한 투명하고 공정한 인사평가를 위해 도입한 '입체적 역량 평가시스템', 인사채용에서의 반칙과 특권을 배제하고자 주민이 채용과정에 직접 참여해 공공채용의 공정성을 감시하는 '고용감찰관제', 청년의 사회혁신활동 지원을 통해 도봉형 청년혁신가를 발굴하는 '사회혁신청년 펠로우십' 등이 있다. 그리고 '함께 만든 성평등, 모두가 행복한 도봉'이라는 비전 아래 성평등 도시를 실현하고자 '젠더전문관' 제도를 도입하였다. 아이들에게 건강한 먹거리를 지원하기 위한 친환경급식과 'Non-GMO' 식자재를 공급하는 등 많은 사례들이 혁신 정책의 성과로 타 자치단체에 알려지면서 확산되고 있다.

협치도봉의 시작

처음 구청장이 되었을 때부터 지금까지 가장 중요하게 생각하는 것 중 하나가 바로 주민의 참여였다. 일방적인 행정이 아니라 주민의 참여를 통한 풀뿌리민주주의를 생각하며 다양한 주민참여정책을 펼쳐왔다. 특히 협치는 주민과 행정이 함께 정책의 기획단계에서부터 실행, 평가의 단계까지 함께하는 과정이자 문화로 매우 강조했다.

서울시는 마을공동체의 성과로 등장한 주민을 행정과 연계시킴으로써 주민의 역할과 주도성을 강화하고자 하는 목적을 가지고 2016년 협치 체계를 설계했다. 그 당시 민관협치를 제도화하기 위해 서울시는 시범 자치구 모집을 하였고, 도봉구는 민관협력이 상대적으로 잘 이뤄지고 있었기 때문에 서울시의 지원을 받으면서 민관협력을 체계화할 수 있겠다는 판단으로 시범 자치구로 참여하는 것을 결정했다.

협치는 거버넌스의 다른 이름이다. 거버넌스는 '함께 계획하고, 함께 실행한다'에서 출발한다. 주민과 행정의 파트너십이 중요한 이유이다. 하지만 서울시는 협치라는 좋은 정책을 '지역사회혁신계획'이라는 공모사업의 변형된 틀에 가두는 방식으로 접근하려 했다. 지역의 민간 활동가들의 반발이 있었고, 나 역시 같은 생각이었다. 취지는 좋았지만 추진방식에 문제가 있었다.

예산지원을 무기로 협치에 이르는 다양한 경로와 과정을 무시하게 되면 협치는 예산을 지원받기 위한 껍데기로 전락한다는 것을 경계해야 했다.

결국은 서울시의 요구인 '지역사회혁신계획'의 절차는 수용하되, 그 과정에 이르는 워킹그룹의 활동과 공론장을 내실있게 운영하는 협치의 과정을 중시하는 방향으로 도봉구에서의 민관협치가 시작될 수 있었다.

도봉구의 협치 체계는 다양한 지역문제 해결을 위한 의제를 공모하고, 추진부서의 의견을 첨부하여 공론장인 50 플러스 원탁회의를 통해 의제를 결정한다. 결정된 의제는 참여를 희망하는 주민과 행정부서가 함께 포럼을 구성하여 공론과 숙의를 통해 집행하고 성과를 공유하고 있다.

지난 5년의 시간 동안 도봉구의 협치는 이런 과정을 통해서 대전차방호시설을 평화문화진지로, 구청의 유휴공간을 도봉구민청으로, 방학천 유흥거리를 문화예술거리로 변화시키는 등 다양한 성과를 거두어 왔다.

전국 최초의 고용 감찰관제 도입

2018년 3선 출마를 앞두고 '헬조선'을 외치며 분노하는 청년들의 모습이 안타깝게 다가왔다. '금수저와 흙수저'가 나왔고, 'N포세대'라는 단어까지 등장했다. 사회에 대한 구조적 모순에 좌절하는 모습이었다. 더구나 뉴스에서 연일 터져 나오는 채용비리는 셀 수 없을 만큼 취업문을 두드려온 청년들의 분노를 자극했고, 공정의 문제를 사회적 이슈로 등장하게 했다.

도봉구에서만큼은 채용과정의 공정성이 담보될 수 있도록 하기 위해 '고용감찰관제'를 도입했다. 고용감찰관 제도는 외부인사가 채용의 전

과정에 참여하여 공공채용의 공정성을 감시하는 제도로, 공공기관의 인사채용에 대한 시민감시 프로그램으로는 전국에서 최초이다.

고용감찰관은 도봉구 전 부서 및 산하기관의 인사채용에 필수적으로 참여해 서류전형 및 면접 등 인사채용의 전 과정을 참관·감시하는 직무를 수행하게 되며, 인사채용의 공정성과 투명성을 감시하게 된다.

고용감찰관의 주요 역할은 △인사채용 절차의 준수 여부와 서류전형 및 면접심사의 적정성 여부 △심사위원 위촉기준 등 각종 준수 사항 이행 여부 △임직원의 부정청탁이나 부당지시 감시 △정치권의 부당 인사개입 등을 감시하는 것이다. 또한 인사채용분야의 제도개선이 필요할 경우 이를 구청장에게 권고할 수 있으며, 아울러 채용과정에서 비위가 발생했을 경우에는 감사 요구도 할 수 있게 했다.

고용감찰관제의 시행과 더불어 인사위원에 외부인 2/3이상을 배정토록 하고, 면접심사도 블라인드 면접을 도입함으로써 채용비리를 철저하게 예방하고 있다. 고용감찰관제 도입은 도봉구의 인사채용에 있어 어떠한 반칙이나 특권도 없이 공정하고 투명한 사회를 조성하는 데 기여하고 있다. 이러한 성과가 인정되어 고용감찰관제도는 문재인 정부 4년간 '공공기관 반부패우수사례 100선'에 선정되기도 하였다.

사회혁신 청년 펠로우십 도입

도봉구는 청년의 주거, 일자리, 문화와 공동체 등 많은 정책사업을 추진하고 있다. 특히 주거 정책으로 문학작가, 설치미술가, 독립영화감독, 가수, 연극배우 등 다양한 분야에 종사하는 문화예술 청년들을 위해 '문화예술인마을' 주택을 쌍문동, 방학동 일대에 총 6동, 65세대 공급하여 저렴한 가격으로 입주할 수 있도록 했다. 7차 문화예술인마을도 추가로 지어 15세대를 새롭게 모집하고 있다. 청년들의 주거는 경제적인 이유로 늘 유동적일 수밖에 없고, 정주율이 떨어질수록 지역과 마주하기 힘들기 때문에 주거에 대한 지원은 필수적이다. 주거뿐만 아니라 커뮤니티 시설을 공유하며 만남을 도모하고 지역의 다양한 주체들과 연결할 수 있는 장을 마련하고 있다.

창동역에 위치한 무중력지대 도봉 또한 청년들의 커뮤니티 허브로 자리매김하고 있다. 매년 도봉구에서 생활하고 거주하는 청년들을 중심으로 청년위원회를 구성하고 네트워크를 지원한다. 60명 내외로 구성되는 청년정책네트워크는 문화, 여가, 일자리 등 다양한 관심사를 가진 청년들이 일상적으로 모여 지역 의제를 발굴하고 정책제안도 하는 방식으로 운영된다. 그 과정에 행정도 참여하며 네트워크를 지원하고 청년들의 가장 큰 고민인 일자리에 대한 지원도 꾸준히 확대해 왔다.

그중에서도 특별한 지원이 사회혁신 청년 펠로우십이다. 지역사회의 문제를 청년의 시선으로 바라보고 혁신적인 아이디어로 바꿔나갈 수 있도록 일정기간 활동비를 지원하는 사업이다. 이 정책이 나온 배경은 비교적 단순하다. 도봉구에는 많은 청년활동가들이 네트워크를 형성하고, 청년의 문제를 의제화하여 정책을 생산하고 제안하는 구조가 비교적 튼튼하게 구축되어 있다. 점차 그들이 청년문제에만 고민을 한정하지 않고 지역 전반에 관한 문제인식을 보이기 시작했다. 다양한 모임이 많이 만들어지면서, 청년들의 시간과 열정을 자원봉사라는 형태로 빨아들이는 것은 아닌지 우려도 되었다.

지역을 기반으로 활동하며 다양한 분야에서 자신이 가진 자원과 환경을 이용하여 혁신적인 아이디어로 사회문제를 해결하고 공공의 이익을 위하여 세상을 변화시킬 청년 사회혁신가를 '청년펠로우'로 규정하고 지원하기로 하였다. 청년펠로우로 선정되면 공공문제 해결을 위한 사회혁신 활동에 필요한 실행비를 매월 110만 원씩 6개월에 걸쳐 총 660만 원을 지원받으며, 청년 스스로 만든 성과를 자신의 포트폴리오로 활용할 수 있기를 기대했다. 청년펠로우에게는 역량강화를 위한 교육 '사회혁신 아카데미'와 주제별 전문 멘토링, 정기모임 등 네트워킹 프로그램을 제공하며 실질적인 필요가 충족되고 기회로 이어질 수 있도록 설계하였다.

이 사업은 2021년 처음으로 시행하여 7명의 청년 펠로우를 선발, 지원하였다. 참여한 청년들은 지역 역사와 여성, 시니어, 공간, 친환경 등 각자의 관심 주제로 지역 내 자원을 활용해 콘텐츠를 만들고 다양한 실험들을 해 보았다.

올해 초 1기 청년 펠로우들과 식사를 하며 이야기를 나누었는데, 청년 펠로우 사업을 경험하며 구민으로서의 정체성과 꿈에 한 걸음 다가갈 든든한 기반이 되었다는 소회가 인상에 남았다. 청년들이 지역의 일원으로서의 정체성을 조금씩 느껴가며 하고 싶은 일들을 만들어 나가는 데 디딤돌의 역할이 되었으면 한다.

2022년에도 7명의 청년 펠로우십를 선발하여 청년들의 창의적인 사회혁신 프로젝트를 지원하고 있다.

젠더전문관 채용

도봉구는 2011년 서울시 최초로 여성가족부로부터 여성친화도시 지정을 받고 2016년 재지정을 받았다. 여성친화도시 지정은 도봉구에서 오랫동안 활동해 온 여성시민단체와의 협력으로 만들어진 성과였다.

도봉구 시민운동은 여성운동이 주도하며 성장하였다. 동북여성민우회와 한살림북부지회, 행복중심생협 등이 30년 가까이 활동한 지역이고, 여성주도의 풀뿌리주민조직이 폭넓게 자리 잡고 있기에 민관협력이 그 바탕이 되고 있다.

여성친화도시는 지역정책과 발전과정에 남녀가 동등하게 참여하고 그 혜택이 모든 주민들에게 고루 돌아가면서 여성의 성장과 안전이 구현되도록 하는 지역을 말한다.

이후 여성친화도시에서의 '여성'은 성적 여성만을 의미하는 것이 아니라 아동, 청소년, 장애인, 노인 등 사회적 약자를 대변하는 상징적인 의미로 확장하고 있다.

2018년 여성계와 간담회에서 여성친화도시를 고도화하기 위해서 젠더Gender(사회적 성) 개념을 도입하고 전문가를 배치하자는 제안을 받고 흔쾌히 수락했다. 젠더 전문관 도입은 기초지방정부에선 도봉구가 최초이다.

젠더전문관은 구정 사업 전반에 있어 젠더의 관점 반영을 위한 정책 자문과 성주류화 정책 개발, 성인지적 관점에서 검토 및 조정 등 젠더 문제에 대응하기 위한 전문 인력이다. 도봉구 여성정책에 대한 심층적인 분석과 학술연구, 진단과 과제 도출, 일관성 있는 정책방향 정립

등 여성정책 중장기발전계획에도 역할을 하고 있다.

도봉구는 구에서 제작하는 각종 홍보물에 대한 성별영향분석평가를 실시하고 있다. 이 제도는 대시민 홍보를 위해 제작하는 홍보물(도봉뉴스, 포스터, 책자 등)에서 성역할에 대한 고정관념이나 성차별적 요소가 있는지를 사전에 점검하여 성평등 실현에 기여하고자 하는 사업이다. 이 또한 젠더전문관이 추진하는 업무 중 하나이다.

Non-GMO 식재료 지원

도봉구는 2018년부터 관내 223개 어린이집과 복지시설 급식에 유전자 변형 농산물GMO을 사용하지 않는 비유전자조작Non-GMO 농산물 식재료 지원을 시작하였다. 2011년에 출발한 친환경 학교무상급식 지원에 이은 성과로 2021년부터는 12개 초등학교로 확대하여 시행하고 있다.

Non-GMO 식재료 지원사업은 안전성 문제로 많은 논란이 되고 있는 GMO 식품이 아닌, 친환경 먹거리를 제공하여 어린이집 원아들이 건강하게 자라날 수 있도록 돕고 싶다는 마음으로 시작한 사업이다.

이 사업은 2017년 서울시 주민참여예산제에 도봉구에서 제출한 제안서가 채택되어 시작된 사업으로 총 4억 원의 예산이 통과되었다. 이후 서울시는 이 사업을 하나의 구에서만이 아닌 시범구 사업을 통해 점차 확대해 가자는 제안을 해왔다. 나는 이 또한 의미 있는 일이라 생각하여 동의하고, 부족한 예산은 도봉구 예산으로 추가 편성하여 추진하기로 했다.

Non-GMO 사업은 도시와 농촌이 1:1로 결연하는 방법으로 추진하였고, 도봉구는 강원도 원주시와 협약을 맺었다. 도시에서는 아이들이 건강한 먹거리를 공급받고, 농촌에서는 건강한 식재료를 공공급식시설(어린이집, 복지시설 등)에 적정한 가격을 받고 안정적으로 공급함으로써 지속가능한 도농상생을 실현하려는 취지였다.

식용유, 고추장, 된장, 국간장, 양조간장, 옥수수콘 등 GMO 원자재를 주로 사용하는 6개 품목으로 출발하여 현재는 참기름, 들기름, 전분, 고추가루 등을 포함한 23개 품목으로 확대하였다.

도봉구는 친환경급식을 전 아동에게 지원해왔기 때문에 Non-GMO 식재료 추가 지원비가 생각만큼 많이 소요되지는 않았다. 2022년 현재는 어린이집 161개소와 21개 학교를 지원하기 위해 편성한 예산이 3억 2천만 원이다. 아동친화도시로서 우리의 아이들이 행복한 미래를 꿈꾸고, 튼튼하게 성장할 수 있도록 먹거리부터 세심하게 배려하려는 마음을 담고 있기에 마음이 더 가는 사업이다.

하지만 최근 서울시가 이 사업에 지원을 하지 않기로 하면서 도봉구를 제외한 타 자치구는 Non-GMO 사업을 중단하게 되었다. 만약 지방정부가 공동으로 이 사업을 추진했을 경우 Non-GMO 사업이 아이들에게 안전한 먹을거리를 제공한다는 차원을 넘어 농산물의 생산과 유통체계를 건강하게 바꿀 수 있는 계기가 될 수 있었을 것이다. 안타까운 일이다. 도봉구는 외부의 지원이 중단된 상태에서도 이 사업을 지속해오고 있다. 그만큼 중요한 일이라고 생각하기 때문이다.

3

도봉구가 획득한 도시인증

구청장은 왜 도시 인증을 받으려고 하는지 물어보는 사람들이 있다. 그 물음에는 구청장이 업적 중심으로 일을 하고 있는 것 아니냐는 시각이 담겨 있는 것 같아서 억울한 면이 있다.

왜 도시 인증을 중요하게 생각하는가? 이 질문에 나의 답은 인증기관이 가지고 있는 공인된 성과측정기준에 있다. 인증기관에는 국제적으로 또는 국가적으로 공인된 심사평가 기준이 있다. 이 평가 기준에는 관련 정책의 방향을 어떻게 잡을지, 구체적으로 실천해야 할 사업과 목표는 무엇인지 잘 정리되어 있다.

초기에 성과를 낸 여성친화도시, 평생학습도시, 아동친화도시는 나의 검토요청으로 추진되었다. 구청장이 가지고 있는 정책들이 어디를 향하는지 공무원들이 파악하는 것이 중요하고, 같은 방향을 바라보기 위해서는 많은 학습이 필요하다. 인증기관이 제시하고 있는 목적과 지

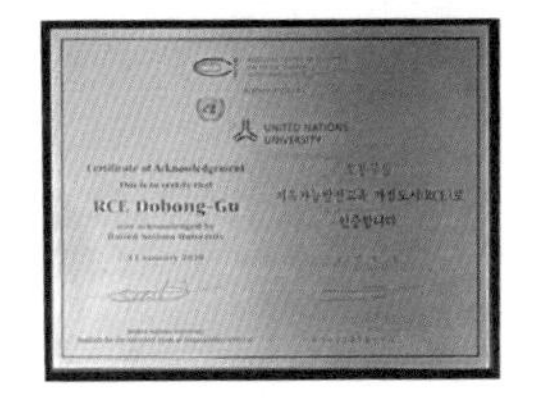

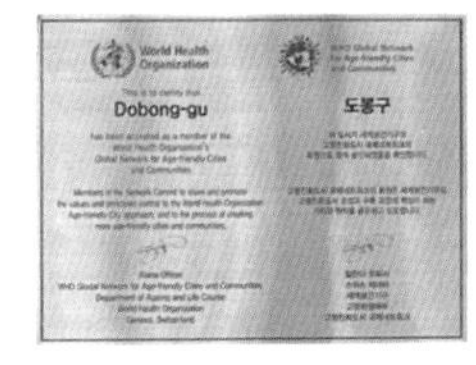

도봉구의 도시인증

향, 규격화된 성과지표는 좋은 교재가 되었고 인증과정도 중요한 변화를 이끌었다.

인증을 받기 위한 저변에는 거버넌스가 기반으로 자리하고 있다. 함께해야 할 파트너가 필요하고, 그 영역에서 활동하고 있는 단체나 모임, 기관들과의 협력은 필수적이었다. 도시인증은 민관협력을 강화하는 데에도 큰 성과를 내고 있다.

물론 어떤 도시가 여성친화도시, 아동친화도시 등의 인증을 받는다고 해서 곧바로 완성된 모습을 갖추는 것은 아니다. 도시 인증은 한 번에 끝나는 것이 아니기 때문이다. 도시가 지향성을 유지할 때만이 재인증을 받을 수 있게 된다. 2022년 도봉구는 3단계 여성친화도시 인증에 실패했다. 많은 분들이 노력했지만 마지막 인증단계인 3단계에 이르지 못했다는 것은 우리에게 부족한 부분이 있다는 것을 파악하는 계기가 되었다. 그래서 도시 인증이 끝이 아니라 끊임없이 노력하고 추진해야 하는 과정임을 가르쳐 준다.

도봉구에서 받은 도시 인증은 여성친화도시(2011, 여성가족부), 평생학습도시(2013, 교육부), 아동친화도시(2016, UNICEF 한국위원회), 지속가능발전교육 거점도시(2018, UN대학), 고령친화도시 국제 네트워크 가입인증(2018, WHO), 글로벌학습도시(2019, 유네스코), 문화도시(예비)(2021, 문화체육관광부)가 있다.

4

매니페스토와 공약의 실천

모든 선출직 공직자는 공약公約을 만들고 발표한다. 그것이 공약空約, 말뿐인 빈 약속이 되는 것을 방지하기 위해 도입한 제도가 '매니페스토'이다. 매니페스토는 공약을 제대로 실행할 수 있는지를 확인하기 위해 구체적인 예산과 추진 일정을 공개하게 한다. 선거 공약은 반드시 지켜야 할 구민과의 소중한 약속이다.

그러기에 구청장은 공약 추진사항을 분기별로 점검하고 관리하며, 매년 '전국 기초단체장 공약이행 및 정보공개 종합평가'를 받는다. 도봉구는 최고등급인 SA 등급을 받아오고 있다.

매니페스토는 공약을 이행하게 하는 강한 힘이 있다. 그러나 한편으로는 출마자들이 이행 가능한 공약만을 내세우는 모습도 보인다. 100% 공약을 달성했다고 자랑하는 곳을 보면 오히려 안타깝다는 생각이 드는 이유다.

나는 공약을 만들면서 4년 임기 내에 달성 가능하지 않은 것도 발표했다. 이는 임기 내에 완료하지 못할지라도 필요하다면 지속적으로 추진해야 한다는 강한 의지의 표현이었고, 후임이 지속하기를 바라는 마음에서다.

구청장 12년이면 뭐든 다 할 수 있겠다 생각하겠지만 그 끝을 보지 못한 사업들이 있다. 아레나처럼 10년 넘도록 힘들게 추진해온 것도 있고, 일부는 공약의 내용을 변경한 것도 있다.

창동 민자역사

창동 민자역사의 경우 2010년에 공사가 중단되면서 각종 선거 때마다 민자역사 정상화가 단골공약으로 등장했다. 그러던 창동 민자역사가 최근 기업회생 절차를 마무리하고, 시공사를 변경하여 드디어 올해 5월에 공사를 재개하게 되었다. 구청장 임기 12년 동안 괴롭혀왔던 앓던 이가 빠지는 느낌이다.

흉물로 방치되었던 민자역사 철골조가 공사재개로 정상화되는 것은 물론이고, 특히 공사 중단으로 물질적, 정신적 피해를 겪은 많은 수분양자들이 회복할 수 있는 기회가 되어 감회가 남다르다.

민선5기 임기를 시작하면서부터 공사재개를 위해 부단한 노력을 하였다. 건축허가 외에는 구청장의 권한이 미치는 사업이 아니었기에 더욱 어려웠다. 철도공사 사장을 만나 공사재개를 위한 협조를 요청하고 국회의원을 만나서 국가지원을 요청하기도 했다. 박원순 시장에게는 서

창동 민자역사 부지

울시 재정사업으로 인수하기를 요청하기도 했으나 모든 것은 이해당사자들의 갈등과 소송 등으로 이루어지지 못했다.

2018년, 법원으로부터 2차에 걸친 기업회생절차가 진행되면서 마침내 2021년 건축허가 설계변경을 승인하기에 이르렀으니 실로 11년 만의 결실이었다.

도봉동 화학부대

도봉동 무수골 입구에는 화학부대 이전지(부지면적 71,302m²)가 있다. 1986년 화학부대가 창설된 이래 30여 년 간 주둔하며 인근 야산일대를 화생방훈련장으로 사용하여 주민들을 최루가스는 물론이고 각종 화학물질 냄새와 소음에 노출되게 하였다. 주민들은 군부대의 이전을 강력하게 요구했고, 마침내 2016년 부대는 경기도 남양주시로 떠났다.

국방부는 이 땅을 일반재산으로 변경하고, 민간 매각을 추진하고 있다. 그러나 이 부지는 국립공원에 속해 있고, 개발제한구역이기도 해서 일반인들이 개발하기에는 법률적 제약이 많이 있다. 오랜 기간 군부대 주둔으로 피해를 겪었던 주민들에 대한 보상차원에서도 공공편익시설이 들어서는 것이 타당하다는 것이 나의 생각이다.

화학부대 역시 모든 선거에서 단골공약 중 하나였다. 하지만 결코 쉬운 일이 아니었다. 결국 이전을 했지만 활용문제는 아직도 풀지 못하고 있는 숙제이다. 이곳은 토지금액만 500억 원에 이르러 도봉구의 재정으로는 부지를 매입하는 것이 불가능하기 때문이다. 그래서 부지개발에 관한 용역을 주고 향후 가능한 개발방향을 제시함으로써 국가사업이나 서울시 재정사업으로 반영되기를 바랐다. 이도 안 된다면 매년 50억 원씩 분납하는 방안과 임대하는 방안까지 폭넓게 검토하였다. 하지만 임기 내 확정짓지 못한 것은 아쉬운 일이다.

5

임기를 마무리하면서

12년이라는 시간은 결코 짧지 않은 시간이다. 한 번의 기회를 갖는 것도 쉽지 않은 일인데, 세 번의 구청장 직을 수행할 수 있었던 것은 나로서는 큰 행운이 아닐 수 없다. 기회를 주신 주민들께 감사하다.

임기 4년은 선출직에게, 특히 지방자치단체장에게는 너무 짧은 시간이다. 임기가 7월부터 시작되기 때문에 취임 첫 해는 대부분 이미 세워진 계획에 따라 움직일 수밖에 없다. 더구나 행정의 속도는 매우 느리다. 결정하기까지 거쳐야 할 행정절차가 수도 없이 많고, 단체장이 임의로 건너뛸 수는 없다.

특히 규모가 큰 사업의 경우 기초지방정부 차원에서 결정할 수 없는 것들이 많다. 광역 지방정부 더 나아가서는 중앙정부의 심의를 요하는 경우가 많기 때문이다. 그러다보면 1~2년은 금방 지나가버리고, 행정절차를 거쳐 사업을 시행하다보면 임기가 다 지나가버리기 때문이다.

나에게 주어졌던 12년이라는 시간은 내가 목표로 하는 일들을 꾸준히 추진할 수 있는 매우 훌륭한 자산이 되었다. 그런 면에서 나는 행복한 사람이다. 그럼에도 10년 넘게 추진해온 창동의 대중음악 전문공연장 아레나가 완공되는 걸 보지 못하고 떠나는 것은 아쉬움이 남는다. 하지만 모든 난관을 거쳐 착공에 이르렀기 때문에 그 자체는 다행한 일이다.

12년을 지방자치 일선에서 일해 온 사람으로서 바람이 있다면 중앙정부와 지방정부의 관계, 그리고 광역지방정부와 기초지방정부의 관계가 지금의 일방적이고 수직적인 관계에서 조금 더 수평적이고 협력적인 관계로 전환되는 것이다. 더 나아가서는 지방자치가 정치에 예속되어 있는 현실도 개선될 필요가 있다. 지방자치가 바로 서는 것, 이것이야말로 대한민국의 민주주의를 시민의 삶과 가깝게 만드는 길이라고 믿기 때문이다.

기고문과 발표문들

부 록

서울신문 2021.09.26.

자치분권 2.0시대의 과제

지방자치 일선에서 3선 구청장으로 임기의 마지막 1년을 보내면서 지방자치 부활 30년이 되는 2021년은 특별한 느낌을 갖지 않을 수 없다.

무엇보다도 지난해 말 지방자치법 전부개정안이 32년 만에 국회 문턱을 넘은 것은 부족하지만 큰 틀에서 자치분권 2.0시대를 열기 위한 제도적 여건을 마련했다고 할 수 있다. 특히 개정된 지방자치법 제1조(목적)에 '주민의 지방자치행정 참여에 관한 사항'이 추가된 것은 의미심장하다. 주민자치가 지방자치의 목적임을 명시한 것은 주민자치가 지방자치의 본질적 요소임을 강조한 것이기 때문이다. 지방자치는 중앙정부로부터의 분권이라는 측면과 함께 주민 참여를 바탕으로 한 주민자치적 요소를 동시에 포함하고 있다. 우리가 지방자치를 '풀뿌리민주주의'라고 부르는 것은 바로 그런 이유 때문이다. 민주주의가 주민의 삶 가까이에서 실제로 작동될 수 있도록 하는 것이야말로 자치분권 2.0시대의 핵심적 과제라 생각한다.

지난 10여 년 동안 도봉구를 비롯한 서울시의 여러 자치구에서 민과 관이 연대와 협력에 기반한 공동체적 가치와 마을민주주의를 싹틔워

왔다. 이 같은 실험이 빠르게 전국적으로 확산해 나가고 있고 이는 각 자치구의 노력과 더불어 서울시의 적극적인 지원에 힘입은 바 크다.

그런데 최근 오세훈 서울시장은 명확한 근거도 없이 "시가 지난 10년 동안 시민단체 전용 ATM기로 전락했다"며 그동안 시가 지원했던 다양한 민관협력사업을 시민의 혈세를 낭비하는 사업으로 매도하고 나섰다. 주민을 지방자치의 주체로 세우기 위한 다양한 노력, 더 나은 사회를 위한 민과 관의 협력, 그에 따른 예산지원을 단순히 낭비로만 인식하는 것은 지방자치를 왜 풀뿌리민주주의라고 하는가에 대한 이해 부족에서 나온 것이라는 지적을 피할 수 없다. 오 시장의 이러한 입장은 자치분권 2.0시대, 주민주권시대를 열어 나가야 할 시대적 흐름에 어울리지 않는다.

주민주권시대, 자치분권 2.0시대의 문턱에서 서울시는 기회이자 위기를 동시에 맞고 있다. 그동안 풀뿌리 현장에서 더 나은 사회를 향해, 마을민주주의와 공동체적 가치의 실현을 위해 함께 노력해 온 분들의 노력이 헛되지 않도록 서울시 25개 자치구들이 지혜를 모아야 할 때이다.

내일신문 2012.05.24.

경쟁을 넘어 협력을 통한 균형발전

출근 시간이면 시내로 들어가는 지하철과 버스에는 사람들이 빼곡해 서 있을 틈조차 없다. 텅 빈 채 운행되는 반대방향 노선을 바라보며 매일 아침 출근 전쟁을 치르는 사람들. 바로 지하철 4호선으로 이어지는 서울·노원·도봉·강북·성북 이른바 동북 4구에 사는 직장인들이다.

서울의 25개 자치구 평균 일자리가 약 18만 개인데 비해 동북 4구의 평균 일자리는 8만 2,000개로 절반에도 미치지 못한다. 서울 인구의 17.5%인 180만 명이 거주하고 있는 이곳에 일자리는 서울시 전체의 7.3%에 불과하다. 뿐만 아니라 서울시 자치구의 평균 재정 자립도가 46%인 데 비해 동북 4구는 28.9%에 불과하다. 매일 아침 출근 전쟁을 치러야 하는 이유, 그리고 동북 4구가 잠자리도시로 불리는 이유를 보여주는 간단한 통계다.

동북 4구 주민들은 오랫동안 같은 서울 하늘 아래에 살면서도 변방의 시민이라는 상대적 박탈감을 갖고 살아왔다.

이런 현실을 자치구간 경쟁이 아닌 협력을 통해 개선하려는 첫 시도로 동북 4구 발전협의회가 지난 15일 첫걸음을 내디뎠다. 비슷한 고민에 빠져 있던 도봉구·강북구·노원구·성북구가 손을 잡고 지역 발전을 위해 함께 노력하기로 한 것이다.

성북구를 모태로 1973년 도봉구, 1988년 노원구, 1995년 강북구까지 순차적으로 분구됐던 이 지역이 다시 한마음으로 뭉치게 됐다. 지금까지 각 지방 정부는 개별 지역 발전을 위해 나름대로 노력해 왔다. 협력을 통한 상생과 공동 발전보다 경쟁 위주의 각자도생의 길을 걸어왔다.

하지만 동북 4구 구청장은 이러한 발전 전략이 취약한 재정 여건과 낙후된 환경이라는 공통된 현실을 안고 있는 동북 4구에는 부적절하다는 데 인식을 같이 했다. 이번 협약은 경쟁 일변도였던 자치구끼리 협력을 통한 상생을 도모하기 시작했다는 점에서 의미가 남다르다. 물론 그 의미를 더욱 드높이기 위해서는 모두가 체감할 수 있는 실질적인 변화를 이끌어야만 한다. 그러기 위해서는 4개 자치구 힘만으로는 부족하다. 시민 사회와 학계 등 전문가, 그리고 서울시와의 소통과 협력이 필수적이다.

이를 위해 동북 4구 발전협의회는 시민 사회와 학계 등 전문가 참여를 전제로 하고 있고 서울시 역시 이미 협의회 활동을 뒷받침하는 전담반을 구성할 정도로 적극적인 관심을 보이고 있어 매우 고무적이다.

흔히 동북 4구를 낙후된 지역이라 부르고 있다. 그러나 다른 시각에서 보자면 발전 잠재력을 갖고 있는 지역이라고 해석할 수 있다. 동북 지역에는 서울에 있는 37개 종합대학 중에서 14개가 위치할 만큼 풍부한 인적 자원이 있다. 또한 풍부한 근현대 역사 문화 자원이 존재하고 있고 불암산·수락산·도봉산·북한산으로 이어지는 천혜의 자연환경을 갖고 있고, 저개발로 인한 활용가능한 대규모 부지가 있다. 뿐만 아니라 시민 사회 활동이 상대적으로 활발하게 전개되고 있어 민관협력을 통한 창조적 변화를 모색할 수 있는 토대가 형성돼 있다. 공동체적 삶을 보존하는 변화의 추구, 우리는 변화를 갈망한다.

하지만 그 변화의 방향이 서민을 밀어내고 그 자리를 다른 사람이 차지하게 만드는 과거와 같은 막개발 방식이 되어서는 안 된다는 데 인식을 함께하고 있다. 우리가 추구하는 변화는 서민적 정서를 공유하면서 이 지역에서 터 잡고 살아온 사람들을 중심에 두는 변화이어야 한다. 그런 변화를 위해 첫걸음을 내디뎠다.

좁은 지역적 경계를 뛰어넘는 대승적 협력을 통해 공동의 발전을 모색하려는 시도가 쉽지만은 않을 것이다. 하지만 상호 신뢰를 바탕으로 더디 가더라도 오래감으로써 서울 동북부 지역이 서민정서에 기반한 공동체적 삶의 향기를 보존하면서도 살고 싶은 곳으로 자리매김할 수 있도록 지혜와 힘을 모아나가려 한다.

한겨레 2017.10.13.

도봉구의 혁신교육 실험

도봉구가 서울시, 서울시교육청과 손잡고 혁신교육지구사업을 시작한 지 3년째다. 도봉구에는 현재 500여 명의 마을교사가 활동하고 있고, 120여 개의 마을학교가 운영되고 있다. 주민센터, 도서관 등 공공시설뿐 아니라 아파트 커뮤니티 공간 등 민간시설도 마을학교로 이용되고 있다. 마을교사 중 200여 명은 학교 정규 수업시간에 문예체 협력교사라는 이름으로 아이들의 성장을 돕고 있다. 예를 들면 음악시간에 뮤지컬 배우가 뮤지컬 한 편을 만들어 공연에 올리는 과정에 모든 학생이 참여하게 하는 식이다.

그렇다면 도봉구는 왜 이런 실험을 하는가?

그동안 교육은 학교가 담당하는 것으로 인식됐다. 맞는 말이다. 하지만 넓게 생각하면 교육이 아이들의 바른 성장을 돕는 것이고, 그렇다면 아이들의 성장을 돕는 일에 지역사회가 동참하지 못할 이유가 없다. 학교와 지역사회는 별개로 존재하는 것이 아니라 아이들의 성장을 돕기 위해 서로 밀접하게 협력하고 교류해야 한다. 도봉구는 이 같은 인식 속에서 주민인 마을교사가 마을학교를 만들어 운영하고, 학교에서 협력교사로 활동하고 있다.

마을교사들은 대부분 직업적 이해관계가 아니라 내 마을의 아이들을 내가 가진 재능으로 바르게 성장할 수 있도록 돕는다는 인식을 갖고 출발했다. 최근에는 마을교사들이 가져야 할 생각과 나가야 할 방향을 더 분명히 하고 이를 공유하기 위해 협동조합을 구성했다. 이제 도봉구의 혁신교육지구 사업은 교육을 매개로 한 마을공동체운동으로 발전해 나가고 있다고 해도 과언이 아니다.

도봉구는 여기서 한 걸음 더 나아가기 위한 또 다른 실험을 시작했다. 그동안 학교가 운영해오던 방과후학교를 도봉구가 직접 운영하기 시작한 것이다.

방과후학교는 사교육을 줄여보자는 명목으로 학교에 일방적으로 떠맡겨졌다고 해도 과언이 아니다. 그러다 보니 교사들에게는 부가적인 업무, 부담스러운 존재가 되어버렸다. 일선에서는 실제 많은 학교가 직접 방과후학교를 운영하지 않고 위탁 운영을 하고 있는 실정이다. 방과후학교가 본의 아니게 또 다른 사교육 시장에 맡겨지는 꼴이다.

도봉구는 이런 현실을 보면서 교육청·학교와 협력해 우선 올해 5개 학교의 방과후학교를 도봉구가 직접 운영하기로 했고, 이를 위해 방과후학교운영센터를 만들었다. 센터의 방과후교육 컨설턴트들은 지역사회 인적·물적 자원 조사, 강사 모집·관리, 프로그램 발굴, 프로그램·강사 모니터링, 관련 연구자료 수집·홍보 등 방과후 활동 업무를 지원한다. 이 과정에서 부딪히는 문제들이 없지 않았지만, 내년에는 구가 직접 운영하는 방과후학교의 수를 15개 정도로 확대할 계획을 세우고 교육청과 긴밀히 협의하고 있다.

도봉구가 굳이 방과후학교를 직접 운영하고자 하는 뜻은, 학교와 교사의 업무 부담을 덜어주려는 것만은 아니다. 더 중요한 것은 마을의 어른들이 마을교사의 이름으로 마을의 아이들이 바르게 성장할 수 있도록 돕고, 그 과정에서 자연스럽게 교육을 매개로 한 마을공동체가 형성되도록 하는 데 있다.

물론 도봉구의 실험이 반드시 성공할 것이라고 100% 확신할 수는 없다. 하지만 해봄 직한 시도인 것만은 분명한 것 같다. 우리의 새로운 시도에 대해 벌써부터 여러 지방정부와 시도 교육청, 심지어 교육부까지도 많은 관심을 보이고 있다. 이런 관심이 조금은 부담스럽기도 하지만, 우리도 유럽 사회처럼 방과후 교육을 지방정부가 맡아 운영하는 것이 바람직하다는 생각에 변함이 없다.

그러기 위해서는 반드시 풀어야 할 과제가 있다. 방과후 교육의 수익자부담원칙을 폐기해야 한다. 의무교육으로 되어 있는 초·중학교에서 방과후 교육을 수익자부담으로 하는 것은 왠지 궁색하다. 이 문제에 대해서는 교육부가 나서서 답을 하는 것이 옳다고 생각하며, 깊이 있는 검토를 요청드린다.

뉴스1 2015.08.26.

'희망의 근거' 주는 복지 도봉

지난 7월 1일부터 도봉구를 비롯 서울시 4개 자치구의 모든 동에서 '찾아가는 동 주민센터' 사업을 일제히 시작했다. 찾아가는 동 주민센터 사업은 복지기능 강화와 마을공동체 조성사업을 통해 기존의 민원행정 중심의 동행정 패러다임을 전환하는 사업이다. 이를 위해 각 동별로 복지플래너, 마을플래너, 그리고 방문간호사 등 5~6명의 인력이 새롭게 충원되었다.

얼마 전, 나는 두 사람으로부터 비슷한 시기에 손으로 쓴 편지를 받았다. 한 분은 70대의 독거노인으로, 기초연금 이외의 아무런 소득이 없는 분이었다. 편지의 내용은 공무원 김○○ 씨를 칭찬해달라는 것이었다.

"병마와 가난 그리고 외로움으로 생을 포기하고자 모든 계획을 준비 완료한 꺼져가는 늙은 생명을 방문하여 몇 시간이고 이해와 설득, 때로는 호소하는 끈질긴 그의 태도로 늙은 이 사람은 모든 사항을 재고하기로 하였습니다."

도봉구는 이 어르신의 상황을 파악한 즉시 통합사례관리 대상자로 지정하여 우울증 치료를 위한 병원 연계, 수급자 지정, 후원 연계 등을 신속하게 처리하여 심리적 안정을 되찾고 생활상의 위기를 극복할 수 있게 하였다. 이 어르신은 지금 스스로 복지시설에서 자원봉사를 할 만큼 삶의 의욕을 되찾았다.

또 하나의 사례는 11세 딸과 13세 아들을 둔 홀로 사는 40대 여성의 경우다. 이 여성은 남편이 있었으나 사업 실패 후 남편의 심한 음주와 가정폭력으로 인해 현재 별거상태로 이혼 절차를 밟고 있으며, 폭력을 피해 쉼터를 전전하면서 그곳 행정기관에 도움을 요청했지만 여러 이유로 거절당하다가 최근 도봉구에 전입하였다. 우리 구는 이 여성의 전입단계에서부터 곧바로 사례관리를 실시하여 아이들에 대해서는 상담센터를 통해 마음의 상처를 치유토록 하고 비슷한 아동들을 지원하는 드림스타트 프로그램을 통해 각종 지원을 제공하였다. 또 엄마에게는 자활센터에 연계하여 자활교육을 통해 일정한 소득과 삶의 의지를 갖도록 하는 등 적극적인 지원을 제공하였다. 이 여성이 나에게 보내온 편지 내용의 일부를 소개하면 이렇다.

> "이 모든 희망적인 이야기들이 도봉구에 전입한 후에 생긴 변화들입니다. 앞이 안 보이고 좌절스럽기만 했던 제게, 그리고 아이들에게 따뜻한 위로와 삶의 희망을 주었습니다. 복지에 관한 법체계는 전국에서 거의 비슷하게 적용되는데, 같은 하늘 아래서 저는 다른 느낌의 복지혜택을 받게 되었습니다. (중략) 도봉구에 와서 주민센터, 구청 등에서 직원 분들을 접하면서 굴욕적이거나 비참한 느낌이 들지 않았습니다."

앞서의 두 사례는 '찾아가는 동 주민센터'를 통해 무엇을 하고자 하는지를 보여주는 좋은 사례라 할 것이다.

정부나 각 지방자치단체는 그동안 엄청난 예산을 들여 다양한 복지사업을 해왔다. 하지만 정작 국민들이 느끼는 복지 체감도는 기대만큼 높지 않다.

찾아가는 동 주민센터 사업은 행정시스템과 사업방식의 변화를 통해 제한된 예산 범위 내에서 주민의 복제체감도를 높이기 위한 새로운 실험이다.

찾아가는 동 주민센터 사업은 아직 평가하기는 이르지만 돈만이 아닌 사람의 마음을 통한 복지를 실현하는 데 기여할 것으로 기대된다.

서울신문 2019.01.14.

아동이 행복한 도시를 위한 도전

지난해 4월 문재인 대통령이 온종일 돌봄체계 구축을 국정과제로 제시한 뒤 각 정부부처에서 바쁘게 움직이고 있다. 교육부는 방과후학교와 초등돌봄교실, 보건복지부는 지역아동센터, 여성가족부는 아이돌봄서비스와 공동육아나눔터 등 다양한 프로그램을 운영하고 있다. 하지만 수요자 중심의 돌봄서비스 제공에는 한계가 있다는 고민들도 깊어진다.

서울 도봉구는 지난해부터 57개 지방정부로 구성된 아동친화도시 추진 지방정부협의회와 50여 개 지방정부가 활동하고 있는 혁신교육지방정부협의회의 회장 도시를 맡고 있다. 부모도 만족하고 아이들도 행복하게 성장할 수 있는 마을을 만들자는 취지에 공감하고 고민을 함께 나눠야 한다는 책임감 때문이었다.

도봉구에서는 2015년 혁신교육지원팀 신설과 도봉혁신교육센터 설립, 2017년 도봉마을방과후활동운영센터 설립 등을 통해 교육자치와 일반자치로 나뉜 칸막이를 뛰어 넘어 학교와 마을이 아동의 바른 성장을 위해 협력하는 혁신적인 도전들을 펼쳐 왔다.

특히 도봉형 마을방과후활동을 보자. 학교는 정규 교육과정에만 전념할 수 있도록 부담을 덜어 주고 지자체가 직접 지역의 마을교사와 함께 아이들의 방과후돌봄과 교육활동을 책임지는 방식이다. 이는 지방자치와 교육자치가 상호협력으로 학교 안팎, 온 마을에서 아이들의 성장 지원망을 구축한다는 점에서 다른 지자체는 물론 교육부에서도 주목하는 혁신사례다.

아동이 지역사회에서 권리를 가진 주체로 인정받고 이들에게 통합적인 돌봄서비스를 제공하기 위해서는 지역의 인적·물적 자원을 효율적으로 연계할 수 있어야 한다. 그러기 위해서는 현재 각 부처별로 독자적으로 추진 중인 돌봄 관련 서비스를 통합적 관점에서 재설계할 필요가 있다.

정부가 새로운 정책을 만들어 지방정부에 일괄적으로 적용하는 톱다운 방식이 아니라 지역의 우수사례를 일반화하고 이를 지원하는 형태로 사업 방식을 전환할 필요가 있다. 그러려면 현장에서 다양한 경험을 축적한 지방정부의 의견을 충분히 반영해야 한다.

아동이 단순히 보호만 하면 되는 존재가 아니듯이 지방정부 역시 중앙정부가 만든 정책을 일률적으로 적용하는 하부조직이 아니기 때문이다.

서울신문 2020.03.29.

우후지실雨後地實

요즘 우리 사회는 온통 코로나19에 휩싸여 있는 듯하다. 코로나19가 뉴스의 대부분을 차지하고 있고, 어디를 가나 사람들은 영화 속 한 장면처럼 마스크로 얼굴을 가린 모습이다. 북적이던 식당가는 한가하기 그지없다. 몇 장의 마스크를 손에 넣기 위한 긴 줄과 기다림……. 왠지 비현실적인 세계에 살고 있는 게 아닌가 착각이 들 정도다. 코로나19가 만들어 낸 낯선 풍경만큼 새로운 단어들이 등장했다. 자가격리, 역학조사, 사회적 거리 두기, 확진자, 밀접접촉자 그리고 이른바 신천지까지.

이에 비해 전혀 새로울 것 없는 모습도 있다. 이 와중에 국민의 생명과 안전보다 자신의 정치적 이해득실을 먼저 계산하는 일부 정치세력의 모습은 식상할 따름이다. 또 마스크 사재기 등으로 한몫 챙기려는 자들의 행태에는 '분노게이지'가 상승한다.

하지만 사회가 위기에 처할 때마다 그랬던 것처럼 이번에도 이름 없는 영웅들의 빛나는 활약들을 보면서 차가워지려던 우리의 가슴이 다시 따스해지는 것을 느끼게 된다. 의료용 고글 때문에 깊이 파인 의료진의 피부와 땀에 젖은 복장에서 우리는 강한 희망을 본다. 광주의 시민들이 병상 부족으로 어려움을 겪는 대구의 확진환자들에게 내민 병상 나눔 손길은 우리 사회의 성숙된 시민의식의 표상이다. 자신보다 더 필요한 사람에게 마스크를 양보하자는 자발적인 캠페인, 구겨진 봉투에 100만 원을 담아 보낸 어느 기초생활보장 수급자의 성금을 비롯한 각계 각층의 성금, 이어지는 임대료 인하 소식 등은 외환위기 당시 금 모으기를 떠올리게 한다.

다행히 코로나19의 기세가 꺾여가고 있다. 코로나19에 맞서 그동안 보여준 중앙정부와 지방정부의 협력, 시민들의 자발적인 동참 그리고 무엇보다도 열린 민주사회에 기초한 '투명하고 공개적인 위기관리 체계'의 작동은 세계가 부러워하고 있다.

코로나19를 맞아 공공이 보여 준 위기관리 방식과 시민 영역에서 나타난 긍정적 에너지는 이후 우리 사회를 한 단계 성숙하게 만드는 계기가 될 것으로 믿는다. 코로나19와의 싸움에서 우리는 반드시 승리할 것이고, 또 함께 싸운 이들이 손 맞잡고 대한민국 민주주의와 공동체를 더욱 건강하게 만들어 갈 것으로 믿는다.

우후지실雨後地實, 비 온 뒤 땅이 굳는다는 말처럼.

서울신문 2020.09.21.

포스트 코로나와 기후위기

코로나19로 전 인류가 많은 어려움을 겪고 있고 우리 사회 역시 예외는 아니다. 여기저기서 '포스트 코로나', '위드 코로나'라는 용어가 등장하고 있다. 언택트 사회가 '뉴노멀'로 자리잡을 것이라는 전망도 나온다. 이런 전망을 지적하고 싶지는 않지만 어딘가 공허하다는 느낌을 지울 수 없다. 코로나19와 같은 상황이 왜 오게 됐는지에 대한 반성적 성찰이 전제되지 않았기 때문이다.

코로나19로 인해 우리가 겪고 있는 현 상황은 굳이 전문가의 견해를 빌리지 않더라도 인류의 과도한 화석에너지 사용으로 말미암은 기후변화, 지구온난화의 예고된 결과다. 인류는 그동안 자연생태계를 과도하게 파괴해 왔고, 자연은 그에 대한 반작용으로 코로나19라는 바이러스를 앞세워 인간을 습격하고 있는 것이다.

이를 어떻게 극복할 것인가. 그 시작점은 삶의 방식 전환이어야 한다. 보다 근본적인 대안 마련이 필요하다. 코로나19에 더해 올여름의 기록적인 장마와 폭우, 연이어 불어닥친 강력한 태풍은 사람들에게 기후위기가 멀리 있지 않음을 실감케 하고 있다. 이런 상황은 역설적이게도 기후위기 대응의 필요성에 대한 국민적 공감대를 형성하는 데 매우 적절한 환경이기도 하다.

정부도 때마침 한국판 뉴딜정책에서 그린뉴딜을 핵심적 과제로 삼아 추진하고자 노력하고 있다. 다만 정부의 그린뉴딜이 기후위기 대응이라는 핵심적 가치와 철학을 중심에 놓지 않으면 단순한 경제살리기 정책의 일환으로 변질될 가능성도 있다. 기후위기 대응과 관련된 국제사회의 합의를 실천하기 위한 정부 차원의 제도적 준비와 실천적 계획들이 뒷받침돼야 한다.

기후위기 대응은 중앙정부의 노력뿐 아니라 지방정부의 역할과 시민적 참여 없이는 불가능하다. 중앙집권화돼 있는 에너지 생산과 유통 시스템 역시 태양과 풍력 등 신재생에너지의 생산과 유통이 활성화될 수 있도록 분권화되고, 이 과정에서 지방정부가 적극적인 역할을 할 수 있도록 제도적 정비를 해야 한다.

지금은 전환적 접근과 행동이 필요한 때다. 물론 탄소 중립으로의 체질 개선은 쉽지 않은 처방이다. 하지만 다른 선택지는 없다. 이대로 간다면 북극곰이 아니라 인류가 사라지는 결과가 올지도 모른다.

내일신문 2020.10.05.

'기생충' 반지하에서도 접속 가능한 공공와이파이

지하철에서부터 화장실까지 휴대전화는 우리 일상과 뗄 수 없는 관계를 맺고 있다. 이 시대를 사는 사람들은 휴대전화 없이는 못 사는 신인류, 이른바 '포노사피엔스'Phono Sapiens다. 하지만 포노사피엔스에게 필수적인 것은 휴대전화 그 자체가 아니라 휴대전화를 통해 얻는 정보이며 이를 가능케 하는 네트워크일 것이다.

그런데 문제는 돈이다. 해리포터의 부엉이들은 돈을 받지 않지만, 대기업 통신사업자는 매달 우리가 쓰는 통신에 대한 대가를 꼬박꼬박 챙겨간다. 어린이부터 어르신까지 모두에게 통신이 필수적인 사회에서 '통신'은 이제 기본권 영역으로까지 확장되었다. 하지만 경제적인 이유로 그 기본권을 누리지 못하는 사람들이 존재한다.

스마트서울 네트워크S-Net는 바로 그 지점에서 시작한다. 서울시는 현행 공공와이파이 사업인 S-Net을 확장해 2022년 누구나 시내 주요 생활권(공공생활권)에서 무료 와이파이를 사용할 수 있게 만들 계획이다. 골목길처럼 외진 곳을 제외한 차로와 보행길 공원 버스정류소 등 대부분 지역에서 끊김없는 와이파이 서비스를 제공하는 게 목표다. 이대로만 되면 누구에게나 정보통신의 권리가 보장되는 서울, 누구나 언제 어디서나 와이파이에 접속할 수 있는 서울을 만날 수 있다.

그런데 서울시가 의욕적으로 추진해온 무료 공공와이파이 확대계획이 예기치 못한 곳에서 암초를 만났다. 과학기술정보통신부가 제동을 건 것이다. 과기부는 전기통신사업법 조항을 들어 지자체는 통신사업자가 될 수 없다는 이유로 막아서고 나섰다. 놀라운 일이다.

며칠 전 통신비 지원을 포함한 4차 추경안이 국회를 통과했다. 막판 쟁점이었던 통신비 2만 원 13세 이상 전국민 지급 대신 만 16~34세, 65세 이상 국민에게만 지원하기로 했다. 여전히 논란은 남았지만 환영할 만한 일이다.

그러나 지원금액의 많고 적음을 떠나 일회적 지원이라는 한계가 분명하다. 이에 비해 서울시가 추진하고 있는 공공와이파이 사업은 모든 시민이 지속적으로 와이파이 무료접근이 가능하다는 점에서 차원이 다르다.

봉준호 감독의 영화 '기생충'을 본 사람이라면 기억하는 인상적인 장면이 있을 것이다. 바로 반지하방 화장실에서 남의 집 '와이파이'를 잡으려는 남매의 안타까운 모습이다. 서울시의 공공와이파이 정책이 조금만 빨랐다면, 그래서 반지하의 창문으로 와이파이가 콸콸 쏟아졌다면 아마 이 명장면은 보지 못했을지도 모른다. 1000만 영화에 이름을 올린 기생충의 흥행요인은, 계층 간 격차와 그 격차에서 오는 불공평에 대한 공감이 국민들의 마음에 큰 공명을 울린 까닭이다. 공교롭게도 '1000만'은 서울의 인구를 상징하는 숫자이기도 하다. 그래선지 와이파이를 잡으려는 주인공의 뒷모습에 어딘가 비슷한 경험이 있을 서울시 아무개의 뒷모습이 오버랩되는 듯하다.

지방정부는 시민을 위해 존재한다. 시민들의 통신 격차를 해소하기 위한 정책을 수립하고 추진하는 것은 국가정보화기본법과 방송통신발전기본법에도 명시된 지방자치단체의 의무이기도 하다. 반지하에서도 마을버스에서도 맛집거리에서도 터지는 와이파이 존Zone, 여기서만이라도 누구든 공평할 수는 없을까. 과기부의 현명한 판단을 기대한다.

대통령소속 자치분권위원회 2019.02.22.

일반자치와 교육자치 협력의 필요성

얼마 전에 인기리에 방영된 드라마 '스카이 캐슬'이 종영된 후에도 사람들 사이에서 많은 이야기를 낳고 있다. 이른바 좋은 대학에 보내기 위해서 수단과 방법을 가리지 않는 기득권층의 세태를 풍자한 드라마이지만 특권층뿐 아니라 입시지옥에서 고통 받는 보통의 학생과 학부모의 모습과 크게 다르지 않다는 점에서 적잖은 반향을 일으켰다.

이 드라마는 교육이 공동체성을 상실하고 상업화되어 입시기술로만 인식될 때 학생과 학부모 등 관계자들이 얼마나 파편화되고 비인간화될 수 있는지를 잘 보여주고 있다.

그동안 우리의 초중등 교육은 교육의 전문성 및 특수성, 정치적 중립성 등의 명분으로 지역사회와 높은 벽을 쌓았고, 그 결과 교육은 학교 내에서만 이뤄지는 것으로 인식되어 왔다. 제도적으로도 교육행정과 일반행정은 지방자치의 영역에서 엄격히 분리되어 있다. 교육은 지식의 전수라는 기능뿐 아니라 아동과 청소년들이 건강한 시민으로 성장할 수 있도록 지원하는 역할을 동시에 추구해야 한다. 하지만 그동안 우리 교육의 현실을 뒤돌아보면 후자보다는 전자의 기능에 급급하고 있는 상황임을 부인할 수 없다.

초중등교육과정에 있는 아동과 청소년들은 학교에서 지식을 습득하는 일뿐 아니라 지역사회에서 다양한 참여와 체험을 통해 미래 사회의 주역으로, 건강한 시민으로 성장할 수 있어야 한다. '한 아이를 키우는데 온 마을이 필요하다'라는 말처럼 교육이 그 기능을 온전히 수행하기 위해서는 교육청과 학교 등 교육자치의 영역과 시·군·구 등 일반자치의 영역이 유기적으로 협력할 필요가 있다.

교육이 학교의 담장을 넘어 마을과 결합하고, 아이들이 자신을 학교의 학생일 뿐 아니라 지역사회 주체의 하나라는 인식을 갖고 참여할 수 있도록 지원해야 한다. 그래야만 교육이 대학입시를 위한 수단으로 전락하거나 또 다른 소외를 낳는 부작용을 막고 공동체성을 회복할 수 있다. 교육자치와 일반자치의 벽을 낮추고 학교와 마을이 서로 협력함으로써 아이들을 건강한 시민으로 성장할 수 있도록 지원하기 위한 노력이 전국의 여러 지역에서 새롭게 시도되고 있다. 이러한 시도들이 아직 초기단계에 있어 질적 수준의 차이가 있고 시행착오도 발생하고 있다.

하지만 전국의 100여 개 지방정부와 해당지역 교육청이 혁신교육, 행복교육 등 다양한 이름으로 협력사업을 전개하고 있고, 올해는 그 수가 더 늘어날 전망이다. 이 사업들은 대부분 민·관·학 거버넌스(협치)를 운영원리로 삼아 지역사회 내에 마을교육공동체를 구축하는 것을 목표로 추진하고 있다. 또 60여 개의 지방정부가 혁신교육지방정부협의회를 구성하여 마을과 학교의 결합, 일반자치와 교육자치의 협력을 통해 마을교육공동체를 만들어내기 위한 공동의 노력을 해오고 있다. 대표적인 예로 많은 지역에서 마을 주민들이 교사가 되어 운영하는 수많은 마을학교가 생겨났다. 도봉구만 해도 2018년 한 해 동안 120여 개의 다양한 마을학교를 운영한 바 있다.

도봉구는 특히 그동안 학교에서 운영해오던 방과후학교를 자치구가 직접 운영하는 전국 최초의 시도를 통해 교육부를 비롯한 많은 지자체로부터 주목을 받은 바 있다. 지자체와 학교가 협력하여 학교는 정규교육에 전념할 수 있도록 하고, 지자체가 마을교사와 함께 아이들의 방과후 돌봄과 교육활동을 책임지는 방식은 일반자치와 교육자치의 새로운 협력사례라 할 수 있다.

최근 문재인 정부는 '온종일돌봄체계구축'을 국정과제의 하나로 설정하여 추진하고 있다. 이 또한 민·관·학의 긴밀하고도 유기적인 협력체계가 필수적이다. 분업에 기초하여 일반행정과 교육행정이 엄격히 분리된 현행제도에 안주해서는 우리 아이들이 건강한 시민으로의 성장을 지원하는데 한계가 있을 수밖에 없다.

지속가능발전 국회토론회 2019.07.24.

더 나은 사회를 위한 지속가능발전, 새로운 출발이 필요합니다

먼저 지속가능발전목표 이행을 위한 토론회를 개최하게 된 것을 매우 뜻깊게 생각합니다.

30여 년 전 세계는 미래를 향한 가치의 전환을 시작했습니다. 1987년 세계환경개발위원회가 유엔에 제출한 〈우리 공동의 미래〉Our Common Future라는 보고서에서 지속가능발전Sustainable Development 개념을 본격적으로 제시했습니다. 지속가능발전이라는 용어는 이제 우리 사회에서도 낯설지 않을 만큼 통용되고 있습니다. 이 보고서는 지속가능발전의 개념을 '미래세대의 필요를 충족시키는 능력을 저해하지 않으면서 현재 세대의 필요를 충족시키는 발전'으로 정의함으로써 지구환경의 문제로부터 출발해 정치·경제·사회체제와 생산·기술체제로까지 확장하였습니다. 경제, 사회, 환경의 균형을 통해 인류사회가 지향해야 할 보편적 가치이자 지향점을 제시한 것입니다.

2015년 세계는 또 한 번 담대한 도전을 시작했습니다. 제70차 유엔총회에서 양극화와 사회갈등, 기후변화로 몸살을 앓고 있는 지구촌이 지향해야 할 공동의 목표로 17개의 지속가능발전목표(SDGs, Sustainable Developement Goals)와 169개의 세부목표를 설정하였고, 각국 정부는 이 목표를 실현하기 위해 분주히 움직이고 있습니다.

이런 국제적인 흐름과는 달리 그동안 우리 정부의 준비와 노력은 매우 더디기 그지없습니다. 오히려 국제적 흐름과 시대적 요청에 역행해 왔다 해도 과언이 아닐 것입니다. 노무현 정부 들어 경제, 사회, 환경의 통합정책을 지향하며 제정한 지속가능발전기본법이 얼마 후 기후환경과 산업분야에 국한된 저탄소녹색성장기본법으로 대체되었고, 지속가능발전법은 일반법으로 축소되었습니다. 국제적으로 상위개념인 지속가능발전이 실행수단에 불과한 녹색성장과 위상이 뒤바뀐 것입니다. 그 결과 대통령 직속기구였던 지속가능발전위원회는 환경부 소속으로 격하되었고, 저탄소녹색성장위원회는 현재 국무총리 소속으로 운영되고 있습니다.

경쟁과 효율을 우선적 가치로 삼는 시장경제체제가 일반화된 사회에서 지속가능발전의 가치를 실현하기 위해서는 무엇보다도 정부를 비롯한 공공부문의 강력한 의지가 중요하다 할 것입니다. 현행 관련법령과 추진기구는 정부의 의지를 담고 있다고 보기 어렵습니다. 지속가능발전과 관련한 국제사회의 일관된 흐름과는 달리 우리의 경우 권력의 교체기마다 관련정책이 크게 흔들렸고, 아직도 제대로 자리를 잡지 못하고 있습니다.

이러한 때 우리나라 지방정부의 아래로부터의 움직임을 주목할 필요가 있습니다. 지난 4월 18일 지속가능발전지방정부협의회는 지속가능발전법 개정과 지속가능발전위원회의 대통령 직속기구로 환원 등을 골자로 한 결의문을 채택한 바 있습니다. 시대 흐름에 맞게 관계법령이 정비되지 못하고, 중앙정부 역시 강력한 의지를 보여주고 있지 못한 상황에서 지속가능발전지방정부협의회를 중심으로 여러 지방정부가 SDGs 이행계획을 수립하고 이를 실천하기 위한 노력을 기울여왔습니다.

예를 들어 서울시 도봉구는 지방정부차원에서 지속가능발전 정책을 선도적으로 추진해왔습니다. 지속가능발전 추진을 위한 과 단위 전담조직을 구성하였고, 지속가능발전조례를 제정하여 운영하고 있습니다. 민관협치에 의한 지속가능발전 기본계획 및 이행계획을 자체적으로 수립하여 유엔의 17개 지속가능발전목표를 구정 전반에 실현하기 위해 노력해 왔습니다. 이는 모두 전국 최초의 사례입니다.

우리 모두는 미래세대에게 더 나은 사회를 물려줄 책임이 있습니다. 지속가능발전은 진보와 보수의 개념을 뛰어넘어 더 나은 미래사회를 위해 국제사회가 합의한 인류 보편적 가치라고 할 수 있습니다. 지금이라도 정부와 여야가 협력하여 국제사회의 흐름에 발맞춰 파편화된 관계법령을 지속가능발전기본법으로 일원화하고, 추진기구인 지속가능발전위원회를 대통령 직속으로 환원하여 중앙정부와 지방정부, 그리고 시민사회와 산업계가 더 나은 미래사회를 위해 함께 손잡고 나아갈 수 있기를 희망합니다.

아무쪼록 오늘 토론회가 대한민국 지속가능발전의 새로운 출발점으로 가는 의미있는 징검다리가 될 수 있기를 바랍니다.

자치분권지방정부협의회 2020.11.30.

새로운 자치분권시대, 함께 열어나갑시다

자치분권지방정부협의회 시장, 군수, 구청장님 여러분!

제3대 회장으로 선출된 도봉구청장 이동진입니다. 우선 회장으로 선출해주신 시장·군수·구청장님들께 다시 한 번 감사드립니다.

지난 11월 20~21일 제주도에서 열린 제2회 자치분권 포럼에서 우리는 그동안 부족한 재원과 제한된 권한에도 불구하고 우리가 이뤄낸 훌륭한 성과들을 확인할 수 있었습니다. 또한 자치와 분권이 더욱 확대될 필요성에 대해 공감하는 소중한 시간이었습니다.

대한민국의 지방자치가 부활한 지 내년이면 벌써 30년째입니다. 지난 30년 동안, 특히 민선5기 이후부터 각 지방정부가 이룩한 성과는 괄목할 만한 것이었습니다. 각 지방정부가 이룩한 개별적 성과의 토대 위해서 상호간의 연대와 협력을 통해 우리사회가 보편적으로 지향해야 될 가치들을 지역차원에서 실현하고자 했던 다양한 노력들 역시 높이 평가할 필요가 있다고 생각합니다.

우리 지방정부들은 지난 10여 년에 걸쳐 우리가 속해 있는 자치분권 지방정부협의회를 비롯하여, 지속가능발전지방정부협의회, 아동친화도시추진지방정부협의회, 혁신교육지방정부협의회, 사회연대경제지방정부협의회, 에너지전환지방정부협의회, 한국인권도시협의회 등을 통해 다양한 사회적 이슈들을 지역차원에서 공동으로 실현하고자 하는 노력들을 활발하게 전개해왔습니다.

이러한 노력들은 지방정부에게 의무화된 업무가 아님에도 불구하고 우리 사회를 보다 나은 방향으로 진일보시키기 위한 과제라는 공동의 인식을 바탕으로 각 지방정부가 연대와 협력을 통해 자발적으로 추진해왔다는 점에서 우리는 자부심을 가져도 충분하다고 생각합니다.

최근 전 세계적 이슈가 되고 있는 기후변화와 관련하여 대한민국이 기후악당이라는 비난을 받고 있는 상황에서도, 지난 6월 5일 226개의 모든 지방정부가 참여한 가운데 '기후위기 비상선언'을 채택한 바 있고, 탄소중립 지방정부실천연대를 발족한 바 있습니다. 이러한 지방정부의 선도적인 노력은 결과적으로 문재인 대통령으로 하여금 탄소중립 사회로의 전환을 선언하게 만들었다고 생각합니다.

우리는 또 지방자치가 풀뿌리민주주의라는 정의가 교과서에서뿐 아니라 각 지역의 현장에서도 적용될 수 있도록, 다시 말씀드리면 마을민주주의가 꽃필 수 있도록 하기 위한 다양한 노력을 기울여 왔습니다. 주민자치위원회의 주민자치회 전환사업이 대표적인 예가 될 것입니다.

이처럼 자치와 분권이 중앙정부와 지방정부 간의 권한 배분 차원을 넘어서 주민에게로 그 권한의 배분이 확대될 수 있도록 하는 시도는 그 자체가 민주주의의 지평과 토대를 넓히는 일이라 할 것입니다.

하지만 제주도에서 열린 2차 자치분권 포럼에서 우리가 확인했다시피 아직도 대한민국의 자치분권이 가야할 길은 멀다고 생각합니다. 국회에 계류 중인 지방자치법전부개정안은 기초지방정부의 기대와 요구수준에는 훨씬 못 미치지만 이마저도 아직 국회의 문턱을 넘지 못하고 있고, 재정분권의 벽도 매우 높은 게 현실입니다. 하지만 함께 노력한다면 넘지 못할 벽은 없다고 생각합니다.

자치분권지방정부협의회 시장·군수·구청장님 여러분!

자치와 분권의 확대가 대한민국 민주주의의 수준을 한 단계 끌어올리는 지름길이라는 신념을 갖고 함께 노력해 나갑시다.

저도 부족하지만 최선을 다하겠습니다. 다시 한 번 감사드립니다.

2012년 목민관클럽 브라질 연수 후기

인간적이고 지속가능한 도시를 향하여

6월 13일, 인천공항을 출발하여 무려 30시간 넘게 걸려 브라질 땅에 도착 후 여장을 풀고 나니 새벽 1시였다. 전체 일정은 12일이었지만 오고 가는 날을 빼고 8일간의 일정이 시작되었다. 기초자치단체장 연구모임인 목민관클럽 소속 16명의 시·군·구청장을 포함한 정책담당 공무원 60여 명이 희망제작소에서 마련한 연수프로그램에 함께한 것이다.

이번 연수의 목적은 지속가능한 도시전략을 먼저 실험하고 실천해 온 브라질의 몇 개 도시의 경험을 직접 보고 느끼는 것이 주된 목적이었고, 방문 당시 열리고 있었던 ICLEI(자치단체 국제환경협의회) 총회에 참석하는 것도 중요한 일정 중의 하나였다. 8일간의 브라질에서의 일정 중에서 보고 느낀 것들을 간략히 정리해보고자 한다.

브라질에 도착해서 1차 목적지인 벨루 오리존치로 가기 위해서는 리우에서 비행기를 갈아타야 했다. 비행기에서 리우공항 청사로 이동하는 좁은 통로의 천정에 걸린 10여 개의 슬로건이 눈길을 사로잡았다. 모두가 '지속가능한 에너지'Sustainable Energy에 관한 것이었는데, 우리들의 연수목적과 부합하는 것이어서 강렬한 인상을 받기에 충분했다.

벨루 오리존치는 유네스코로부터 인간정주/사회통합분야 우수사례 도시로 지정될 만큼 사회통합을 위한 다양한 노력을 기울이고 있음을 확인할 수 있었다. 그중 하나가 식량안정화프로그램이다. 벨루 오리존치 시청 관계자에 따르면 시는 민중식당 운영을 중심으로 식자재 구매와 관리 및 교육에 이르기까지 다양한 정책을 통해 기아제로운동의 발상지답게 시민생활의 최저선을 보장하기 위한 노력을 기울이고 있었다. 또 작년에 우리사회에서 무상급식이 사회적 논란이 되었던 것과는 달리 이 도시에서는 이미 20년 전부터 14세까지의 모든 초등학생(초등학교 8년제)들에게 무상급식을 실시하고 있었다. 최근에는 초등학교의 급식과정에서 셀프서비스 시스템이 도입되어 음식물쓰레기의 18%를 줄일 수 있었다는 얘기를 듣고 우리도 도입해 볼 필요가 있겠다는 생각을 갖게 되었다.

또 우리 일행은 이 도시가 이미 20년 전부터 주민참여예산제를 실시해왔다는 얘기를 듣고 놀라움을 금치 못했다. 벨루 오리존치 시 투자예산의 12%를 참여예산의 몫으로 책정하고 있었고, 9개 지역을 45개 구역으로 세분화하여 인구와 삶의 질 지표[IQVU] 에 따라 예산을 차등 배분하여 저소득층 밀집지역에 대해서는 더 많은 예산이 투입되도록 하고 있다는 점은 눈에 띄는 대목이었다. 아울러 투자사업 선정에 있어서도 25개 사업 분야로 세분하여 여러 단계의 과정을 거쳐 주민의견을 수렴한 후 최종적으로는 주민투표를 통해 사업 우선순위를 결정하는 방식으로 이루어지고 있었다. 투표참가율은 전체 유권자(170만 명) 수의 9%에 해당할 만큼 높은 참여율을 보여 주민참여예산제가 정착되어 있음을 알 수 있었다. 초기단계에 있는 우리의 주민참여예산제가 대체로 형식적으로 이루어지고 있는 데 비하면 놀라울 따름이다.

이 도시의 주민참여예산제 성과를 눈으로 확인할 기회가 있었다. 70년대 서울의 판자촌을 연상케 하는 빈민촌(파벨라)에 어엿한 학교와 어린이집이 들어서 있었다. 참여예산으로 지어진 곳이다. 이 지역 주민 대표들의 눈빛에는 자부심이 넘쳐나는 듯 했고, 아이들의 눈빛도 어두운 구석이 없이 밝고 맑았다. 부유하지는 않지만 그렇다고 불행하다고 느끼는 것 같지 않았다. 이것이 주민참여의 긍정적 효과가 아닐까 생각해봤다.

다음으로 벨루 오리존치에서 열리고 있었던 ICLEI 총회에서 특별 강연을 들을 기회가 있었다. 이날 '8-80Cities'의 대표 페날로사의 강연은 참석자들에게 매우 강렬한 메시지를 전달하는 데 부족함이 없었다. 이날 강연의 핵심을 나름대로 정리해보면 이렇다. 향후 30년 동안 20억 명의 인구가 더 증가할 것이다. 현재의 삶의 방식을 유지하려면 더 많은 도로와 자동차가 필요하지만 이것은 지속가능하지 않다. 결국 삶의 방식을 바꾸지 않으면 안 된다. 인간을 위한 도시재창조가 필요하다. 걷기와 자전거타기, 그리고 대중교통 이용하기에 편리한 공공환경을 조성할 필요가 있다. 'Walking Is No More Walking!' 걷기는 걷기 이상의 의미를 지닌다는 뜻이리라. 도로를 막고 차없는 거리를 만들면 사람이 모이고, 사람이 모이면 커뮤니티가 살아나고 도시가 활성화된다는 그의 지론을 여러 사례를 통해 강조하였다. 차도를 넓히고 만드는 것보다는 8세의 어린이부터 80세의 노인에 이르기까지 불편함 없이 걸을 수 있는 보행자전용도로를 넓히는 것이 지속가능한 도시, 진정으로 인간다운 도시를 향한 길이라는 그의 주장에 많은 참석자들이 공감을 표시하였다.

다음으로 우리가 방문한 도시는 세계 환경수도라 일컬어지는 꾸리찌바였다. 우리가 방문한 꾸리찌바의 도처가 한마디로 환경교육장이었다. 첫 번째 방문지는 환경개방대학이었다. 20년 전에 원래 채석장이었던 이곳을 목재 폐전신주를 재활용하여 조성한 곳으로, 꾸리찌바 시민들뿐 아니라 전 세계의 환경관련 인사들이 방문하는 국제적인 환경교육센터로 활용되고 있었다. 매일 700여 명이 방문하고 있고, 이곳에서 어렸을 때 교육을 받은 많은 학생들이 지금은 성장하여 꾸리찌바 지역사회의 리더로서 활동하고 있다고 한다.

다음으로 인상 깊었던 것은 '이뿌끼'라고 불리는 꾸리찌바 시 도시계획연구소IPPUC의 활동에 관한 내용이었다. 이 연구소는 1965년 창립되어 지금의 꾸리찌바를 만든 산실 역할을 담당해온 곳으로 꾸리찌바 도시혁명을 이끈 레르네르 (전)시장도 이 연구소 출신이라고 한다. 이 연구소 관계자에게 오늘의 꾸리찌바를 만든 도시계획의 기본원칙을 들을 수 있었다. 토지이용계획, 도로계획, 대중교통운영계획이라는 세 축을 바탕으로 경제발전, 환경보존, 그리고 사회발전이라는 세 가지 목표를 달성한다는 것이다. 이 중 도로계획은 버스전용도로를 기본 축으로 삼고 보행자도로, 자전거도로를 반드시 포함하고 있다는 데서 우리와는 매우 다른 특징을 엿볼 수 있었다. 꾸리찌바시의 그 유명한 원통형 버스정류장 역시 버스전용도로와 함께 대중교통 우선의 도시계획 원칙에서 나온 것이라 하겠다.

이러한 도시계획 원칙이 적용됨으로써 버스전용도로를 따라 도시중심이 형성되도록 하였고, 대형 버스환승역을 만들어 편리하게 환승할 수 있도록 함과 동시에 이곳에서 행정서비스도 함께 제공하는 등 시민편의를 도모하고 있었다. 또 동일한 요금과 한 번의 요금정산으로 어디든 갈 수 있게 한 것도 눈에 띄었다.

특히 원통형 버스정류장이라는 독특한 발상을 통해서 정류장에서 미리 요금을 정산하고 버스에 타게 함으로써 정산 시 대기시간을 짧게 하여 소통을 원활하게 하고 대기오염을 줄임과 동시에 장애인의 승차편의까지 고려한 것은 매우 획기적인 발상이라고 할 수 있다.

우리는 오늘의 꾸리찌바시를 이끈 레르네르 (전)시장의 생생한 목소리를 들을 수 있었다. 우리에게 상상력을 불어넣는 많은 이야기를 들었지만 그가 남긴 말 중에 '도시는 거북이의 등과 같다'는 말은 매우 상징적이었다. 거북이의 등 무늬가 여러 조각으로 나뉘어져 있는 것처럼 도시 역시 다양한 요소들이 있다. 거북이의 등을 무늬대로 자르면 살 수 없는 것처럼 도시 역시 주거지와 직장이 분리되면 인간적인 도시가 될 수 없으며. 부자와 가난한 사람, 젊은이와 노인, 종교의 차이에 관계없이 함께 어울려 살 수 있는 곳이 좀 더 인간적인 도시라는 것이다. 또 인간의 삶과 길은 함께 있는 것이고, 그것이 도시라는 말 역시 매우 인상적이었다. 꾸리찌바가 왜 대중교통을 그토록 중요시했는지를 엿볼 수 있는 대목이다.

꾸리찌바는 이런 철학에 기초해서 오늘도 새로운 실험을 하고 있는지도 모른다. 이런 철학은 배제한 채 꾸리찌바시의 버스전용 차선만을 살짝 베껴오는 것만으로는 서울의 문제를 결코 해결할 수 없을 것이다.

최근 우리나라는 장마철이어야 함에도 불구하고 104년 만에 처음이라는 극심한 가뭄을 겪었다. 반면에 브라질에서는 건기임에도 불구하고 짧은 체류기간 동안 4일이나 비가 내렸고, 리우에서는 그로 인한 피해도 있었다고 들었다. 두 나라가 지구 정반대편에 있지만 동일한 기후변화현상을 겪고 있는 것이다. 지속가능한 도시, 즉 인간적인 도시를 위한 즉각적인 공동의 노력이 절실하다는 생각이 들었다.

마지막으로 좀 더 인간적인 도시를 향한 모색의 기회를 제공해준 희망제작소 관계자, 그리고 브라질의 레르네르 (전)시장과 공무원 및 관계자 여러분께 감사드린다.

2021 제11회 세계인권도시포럼 발제문

全 지구적 기후위기와 인권

- 서울 도봉구의 탄소중립(Net-Zero) 설계 및 주민 실천문화 확산 -

최근 유럽, 북미, 아시아 등 전 세계적으로 이상고온과 폭우 등 기상이변으로 수많은 인명과 재산 피해가 속출하고 있습니다. 대한민국도 지난 10년간 기상재해로 194명의 인명피해와 약 20만 명의 이재민이 발생하고, 이에 따라 약 12조 원에 달하는 경제적 손실이 발생한 바 있습니다.

최근 란셋Lancet 등 의학·보건학 및 의과학 분야 학술지들은 지구온난화와 환경파괴로 인한 건강문제의 심각성을 지적하면서 지난 9월 6일, 올해가 위기극복의 전환점이 되어야 한다는 내용의 공동성명을 발표한 바 있습니다. 이 성명은 지난 20년 동안 전 세계 65세 이상의 인구에서 열 질환 관련 사망률은 50% 이상 증가하였고, 이상 고온으로 인해 탈수증, 신장 기능 이상, 열대성 감염, 알레르기, 심혈관 문제 등의 질환과 질병 증가을 낳고 있다고 지적하면서 이런 기후위기로 인한 피해는 어린이와 노인, 기저 질환자 등에게 더 심각한 영향을 줄 수 있다고 밝힌 바 있습니다.

이처럼 '기후위기'는 전 인류의 생명과 건강을 위협하는 한편, 세대 간, 계층 간, 지역 간 격차를 더욱 확대시키는 결과를 가져와 역사상 가장 큰 '인권의 위기'를 야기하고 있습니다. 또한 기후위기는 먼 미래의 문제가 아니라 인류의 생존, 특히 위기대응 능력이 부족한 계층 또는 지역의 생존에 절대적 위협으로 작용하는 현재적 인권문제라는 점에서 지구적 차원의 연대와 공동행동이 필요하다고 생각합니다.

이러한 기후위기 대응을 위해 그간 국제사회는 기존의 국제협약인 교토의정서(1997년)의 한계를 극복하고, 선진국과 개도국이 모두 참여하는 새로운 기후변화 대응의 필요성을 공감하고 2015년 파리협정을 채택한 바 있습니다.

이와 함께 기후행동 정상회의, 제25차 유엔기후변화협약 당사국총회 등에서 기후위기 행동의 중요성이 강조되면서 세계 120여 개국이 기후목표 상향동맹에 가입하고 탄소중립에 대한 국제사회의 논의가 확산되고 있습니다.

아울러, 코로나19라는 전 세계적 팬데믹으로 기후위기의 심각성 인식이 증대되면서 각국이 앞다퉈 탄소중립을 공식 선언하고, 구체적인 정책을 단계적으로 발표하는 등 빠른 속도로 기후위기 대응 체제로 돌입하고 있습니다.

한편, 파리협정은 지방정부를 온실가스 감축의 주체로 인정하고, 적극적인 참여를 요청하고 있습니다. 또한, 세계 인구의 절반(55%) 이상이 거주하면서 에너지 관련 온실가스 배출의 70% 이상을 차지하고 있는 도시 차원의 대응이 매우 중요합니다. 따라서 온실가스 감축의 행동주체인 주민 생활과 접점에 있는 지방정부의 실질적 감축 정책 마련과 이행이 매우 절실히 요구되고 있습니다.

대한민국의 지방정부는 이러한 국제사회의 요구에 발맞춰 2020년

6월 226개 기초 지방정부 모두가 참여한 가운데 기후위기 비상선언을 채택한 바 있습니다.

우리 도봉구는 이러한 국제사회의 요구에 적극 부응하고, 주민 누구나 기후위기로부터 벗어나 인간으로서의 존엄과 가치를 실현하여 행복한 삶의 권리를 누릴 수 있는 '기후인권'을 보장하고자 노력하고 있습니다. 선제적으로 '2050 탄소중립'을 설계하고, 탄소중립 캠페인과 실천 매뉴얼을 만들어 확산·보급함으로써 주민의 실천을 지원·촉진하며, 녹색교육을 통해 기후위기 대응 의식을 고취하고 있습니다.

먼저, 인구 33만의 기초자치단체인 서울 도봉구의 지역적 특성을 잘 반영한 '약속'Pledge, '계획'Plan, '이행'Proceed, '보고'Publish로 이루어지는 일련Four 'P's의 '2050 탄소중립' 설계입니다.

첫째, '약속'Pledge입니다

도봉구는 2020년 6월 5일 전국 226개 기초자치단체와 함께 기후위기 비상을 선언하고, 이어 7월 7일에는 '탄소중립 지방정부 실천연대' 발족에 적극 참여하여 2050년까지 탄소중립을 달성하기로 선언하였습니다. 2021년 4월 22일에는 2050년 탄소중립 사회 구현에 대한 주민 공감대를 형성하기 위해 〈도봉구민 탄소중립 실천 헌장〉을 제정하고, 각계각층의 구성원이 모여 범구민 실천을 결의하였습니다. 5월에는 구 금고 지정 시, ESG를 평가하는 '서울시 자치구 ESG금고 지정 공동선언'을 주도적으로 제안·추진하고, 6월에는 UNFCCC Race To Zero[1] 국제캠페인에 참여하는 등 국내뿐만 아니라 국제사회에 탄소중립에 대한 의지를 천명하고 약속하였습니다.

도봉구 '2050 탄소중립' 설계(Four 'P's)

약속	'20.6월 기후위기 비상 선언	'20.7월 탄소중립 지방정부 실천연대	'20.8월 탈석탄 금고선언	'21.4월 실천헌장 제정 구민 결의대회	'21.5월 2021 P4G 2050 탄소중립 선언	'21.5월 UNFCCC Race To Zero
계획	'20.8월 온실가스 감축 T/F 구성	'20.9월 2050 도봉구 온실가스 감축 전략	'20.12월 조례제정 탄소중립 명문화	'21.1월 실행원년 목표설정	'21.6월~ 탄소중립 계획 ('22년~ '31년)	'21.9월 전국 최초 탄소중립 조례 제정

이행

7대 전략	전략목표	2021년 핵심사업
Green Building	도봉구청사 전력 자립률 50% 달성	구청사 건물일체형태양광 설치
Green Mobility	친환경 전기차·수소차로 100% 전환	수소충전소 등 인프라 확충
Green Energy	태양광 등 신재생에너지 300MW 보급	다락원체육공원 태양광 설치
Green Cycle	생활폐기물 50% 감축	재활용 선별장 신축
Green Forest	1인당 도시숲 4.5m² 조성	동네 뒷산(초안산) 공원화 사업
Green Life	1인당 온실가스 4톤 줄이기 실천	1인 4톤 줄이기 캠페인 론칭·확산
Green Education	온실가스 감축 퍼실리테이터 3만 명 양성	강사 양성 및 퍼실리테이터 시범

보고	분기별 온실가스 감축 T/F 평가	수시 도봉구의회 환경대책연구회	정기·임시 기후변화대책위원회 환경정책위원회	연 1회 GCoM CDP (탄소정보공개 이행)

1) UNFCCC Race To Zero : 2020년 6월 유엔기후변화협약이 2050년까지 탄소배출제로라는 글로벌 기후 목표 달성을 위해 전세계 주체들의 적극적인 기후 행동을 촉구하는 캠페인

둘째, '계획'Plan입니다

도봉구의 '2050 탄소중립' 약속을 이행하기 위한 구체적인 계획을 수립하기 위해 2020년 8월에는 모든 유관 부서(12개 과, 25개 팀)가 참여하는 '도봉구 온실가스 감축 Task Force'를 구성·운영하고, 이를 토대로 9월에는 서울시 25개 자치구 중 처음으로 '2050 온실가스 감축 전략'을 수립·발표하였습니다. 2050년까지 2005년 온실가스 배출량 134만 2천톤CO2eq을 감축하기 위한 로드맵(2025년 25% → 2030년 40% → 2040년 70% → 2050년 Net Zero)과 함께 '2050년 도봉구의 미래상'을 제시하였습니다. 또한 보다 체계적이고 내실 있는 추진을 위해 국가로부터 재정적 지원을 받아, 2021년 6월부터 탄소중립 실현을 위한 '도봉구 기후변화대응계획 수립' 연구용역을 실시하고 있습니다. 아울러 탄소중립

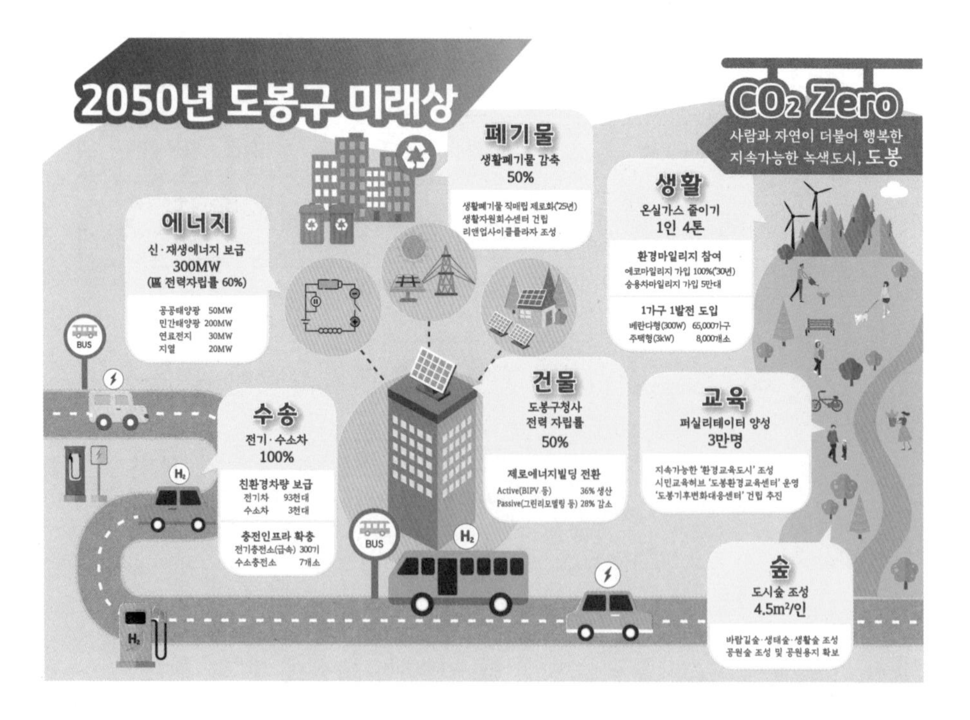

정책을 제도적으로 뒷받침하기 위해 대한민국 최초로 '서울특별시 도봉구 탄소중립 기본조례'를 제정해 2021년 9월 16일에 공포하였습니다.

셋째, '이행'Proceed입니다

도봉구는 신기후체제인 파리협정 실행 원년인 2021년을 '2050 도봉구 탄소중립 실현'의 원년으로 삼고, 7대 전략 61개 사업을 즉각 실행하여 온실가스 50,763톤CO2eq 감축을 추진 중에 있습니다.

전략별로 ▲녹색 빌딩Green building 분야는 도봉구청사 건물일체형태양광BIPV 100kW 이상 설치, ▲녹색 수송Green Mobility 분야는 서울 동북권 최초 수소충전소 설치, ▲녹색 에너지Green Energy 분야는 다락원체육공원 태양광 204kW 설치·준공, ▲녹색 순환Green Cycle 분야는 스마트 팩토리형 재활용선별장 신축, ▲녹색 숲Green Forest 분야는 동네 뒷산 초안산 공원화 사업, ▲녹색 생활Green Life 분야는 온실가스 1인 4톤 줄이기 실천, ▲녹색 교육Green Education 분야는 온실가스 감축 퍼실리테이터 100명 양성 사업 등을 핵심과제로 추진하고 있습니다.

넷째, '보고'Publish입니다

도봉구 계획과 이행 현황은 매분기 내부 태스크 포스(T/F) 점검과 평가를 거쳐 구의회, 기후변화대책위원회 등 민·관 거버넌스부터 국제 GCoM[2)]까지 국내외에 성과를 보고·공유하고 있습니다.

---

2) GCoM : 2017년 기존의 기후변화 대응을 위한 시장협약(Compact of Mayors)과 유럽 시장 서약(Covenant of Mayors)이 통합해 탄생한 국제기구로, 전 세계 6개 대륙, 130여 개 국가의 10,600여 개 도시가 동참

다음은 도봉구만의 독특한 탄소중립 캠페인과 실천 매뉴얼을 만들어 확산·보급함으로써 주민 실천을 지원·촉진하고 있습니다.

기후위기 극복은 행동의 주체인 주민의 동참과 실천이 필수입니다. 이를 진흥하기 위해 도봉구는 2021년 4월 22일, 가정에서부터 마을·학교·직장에 이르기까지 모든 생활에서 실천 의지를 반영한 〈도봉구민 탄소중립 실천 헌장〉를 제정하고, 이를 구민과 공유하고 실천 의지를 다짐하는 '2050 탄소중립 실천 범구민 결의대회'를 온·오프라인으로 개최하였습니다.

또한, 누구나 생활 속에서 쉽게 실천할 수 있는 사항들과 관련 정보를 '녹색' △건물 △수송 △에너지 △순환 △숲 △생활 △교육 등 7대 전략별로 수록한 매뉴얼인 《도봉구민 탄소중립 실천 요령》(부제 : Green Life, 내가 그린 Green Dobong!)를 제작하고, 지역사회의 통·반장, 각급 학교, 위원회, 신규 전입 세대 등에 배포('21.9월말 기준 4,700권)하여 탄소중립 실천을 지원하고 있습니다.

아울러, 〈내가 실천하는 10대 온실가스 줄이기〉 방안 ▲친환경보일러를 설치하고 냉·난방 온도 준수하기(여름 26℃ 이상, 겨울 20℃ 이하), ▲친환경 운전하고 자가용 대신 1주일에 한 번 대중교통 이용하기, ▲우리집에 미니태양광 설치하기, ▲먹을 만큼만 밥하기(전기밥솥 보온시간 3시간 줄이기), ▲에너지효율이 높은 TV, 전기밥솥 사용하기, ▲1회용 비닐봉투 대신 장바구니 사용하기, ▲음식물 쓰레기 20% 줄이기, ▲사용하지 않는 TV·세탁기·전기밥솥·전자렌지·가습기의 플러그 뽑기, ▲재활용이

가능한 유리병, 캔 등 분리배출하기, ▲에코마일리지 가입하고 친환경상품 사용하기 중 2가지 이상을 선택하여 실천을 약속하는 '도봉구민 온실가스 1인 4톤 줄이기 실천 약속 캠페인'을 론칭하여 지역사회에 실천 문화를 확산시키고 있습니다. 2021년 9월말까지 주민 9,024명이 참여하여 연간 온실가스 7,067톤 감축을 약속하였습니다.

끝으로, 도봉구는 탄소중립에 대한 시민의식을 고취시키기 위한 다양한 프로그램과 환경교육 전문기관인 '도봉환경교육센터'를 운영하고 있습니다.

이를 통해 연간 2만 명 정도의 지역주민에게 기후위기 대응 교육을 수강할 수 있는 기회를 제공하고 있습니다. 예를 들어, 2021년 8월 국가로부터 우수 환경교육 프로그램으로 선정된 '도봉형 생애주기 기후변화교육 프로그램'은 각각 유아기, 아동기, 청소년기를 대상으로 운영되고 있고, 서울시 우수 환경교육 프로그램으로 발굴되어 서울 전역의 일선 학교와 영유아 기관 등에 확대·보급되고 있습니다.

특히, 도봉구의 '세대이음 기후변화대응교육' 사업은 기후변화 대응을 위한 인식과 역량 강화를 위해 주민참여 기반으로 이뤄지는 세대별 맞춤 교육입니다. 이 중 '내 고장 알기 청소년 환경 탐사단 운영', '청소년 기후보전 작품 공모전'은 20년 이상 이어온 구의 대표적인 지속가능발전교육 프로그램으로 2018년부터 유네스코 한국위원회에서 주관하는 지속가능발전교육ESD 공식 프로젝트로 운영되고 있습니다.

지금까지 '도봉구의 탄소중립Net-Zero 설계와 주민 실천문화 확산'을 소개해 드렸습니다.

대한민국 도봉의 사례가 여러분에게 또 하나의 롤 모델이 되기를 기대합니다. 당면한 전 지구적 환경이슈인 '기후위기'로부터 인권을 지키기 위해 다함께 노력합시다! 도봉도 여러분과 함께하겠습니다!

지역사회 구성원으로부터 아시아를 넘어 全세계 지구인 모두의 존엄과 가치가 실현되기를 기원하며, 마지막 말씀으로 발제를 마칩니다.

"Think Globally, Act Locally."